叢書・ウニベルシタス　70

自然宗教に関する対話

ヒューム宗教論集　II

デイヴィッド・ヒューム
福鎌忠恕／斎藤繁雄 訳

法政大学出版局

凡例

一、本訳書は David Hume : "Dialogues concerning Natural Religion" の完訳である。

一、翻訳に際して底本には David Hume : The Philosophical Works, edited by Thomas Hill Green and Thomas Hodge Grose, in 4 volumes, 1882 (Reprint ed., Scientia, 1964) の中の第II巻中のテキストを用いた。他に "Hume : On Religion, selected and introduced by Richard Wollheim, 1963" 中のテキストをも参照した。

仏訳版では "David Hume : Dialogues sur la religion naturelle, suivis de deux Essais, Présntation et notes de Clément Rosset, Traduction de Maxime David, 1964" 及び "David Hume : Dialogues sur la religion naturelle, Traduction de Maxime David, 1973" を参照した。両訳書とも、同一訳者の古典的訳書の再刻であるが、注その他に若干の異同がある。なかでも前訳書のロセの解説並びに訳注は教えられるところが多かった。

一、対話者である主人公の人名については、ギリシャ語の寓意を生かすため、ギリシャ語の発音に則して表記し、その他の人名・地名等については周知のものは慣習に従い、そうでないものは原発音にできるだけ近く表記した。引用語句ないし文章の中、ラテン語はカタカナで示す。

一、原文においてイタリックその他により明らかに強調された語句ないし文章は傍点を付して示した。

一、原典では対話部分と記述部分とを区分して表記していないが、本訳書では読者の理解やすさを考え、対話内容を明らかに示すため「　」を用いた。

一、訳文及び注の中のカッコについては（　）は原典のまま、〔　〕は訳者の説明的補足ないし解説を示す。

自然宗教に関する対話

〔序説〕 パンフィロスよりヘルミッポスへ

これまでにも注意されてきたことだが、ねえヘルミッポス、古代の哲学者たちは、彼らの教えをおおかた対話の形で伝えたものだが、こういう筆法はその後の時代になるとほとんど行なわれず、またそれを試みる人たちがあっても、彼らの企てが成功したためしはまずなかったといってよい。実際、哲学上の諸研究者から今日期待されているような厳密な規則だった論証法は、おのずから杓子定規で教訓的なやり方にさせてしまう。このやり方をすれば、目的として目指す点をただちに準備なしに説明することができるし、またそこから出発してその議論の基礎をなしている証明を中断せずに引き出すことができるからだ。ある体系を会話の形で述べるのは、まず自然のこととしてはうけとられがたい。それに対話の筆者は、直接の記述様式をさけることにより、著作にもっと自由な外見を与え、こうして著者対読者という外観をさけようと欲するので、ともすればかえってぶざまな不都合に陥り、教育者対生徒という印象を伝えかねない。また著者が楽しい仲間同士の自然の気分の中で討論を行ない、さまざまな話題を持ちこんだり、話し手たちの間に適当なバランスを保っている場合でも、しばしば伏線や推移のために著者は時間をつぶしすぎ、その結果、読者は対話がもつどれほどの優雅さにもかかわらず、それがために犠牲にされた筋みち、簡潔さ、また正確さに埋め合わせをつけてもらえたとは、ほとんど思わないだろう。

けれども題目によっては、対話の形で書かれるのにとくに適しているものもいくつかある。その場合、なんといっても対話形式が、直接で単一的な筆法よりも好ましいのだ。

学説のある点が、すこぶる明快なためほとんど論争の余地がなく、しかし同時にきわめて重要なため、何度たたきこまれてもなお足りないというような場合、それはこのような取扱い法を必要とすると思われる。その場合書きぶりの目新しさが、主題の陳腐さの埋め合わせとなるだろうし、会話のいきいきしたところが、教説を深く印象づけるだろうし、さらにまた多種多様な知識が、さまざまな人物や性格によって示されるので、退屈ともくり返しとも思えないことであろう。

また他方において哲学上のある問題が、すこぶるあいまいで不確実なため、人間理性はその問題をめぐって、どんな確固とした決定にも達しえないとするならば、しかもそういう問題がそもそもとりあげられなければならないならば、すべてそのような問題は、おのずからわれわれに対話体や会話体をとらせるようになると思われる。何びとも理論的にこれこれだと断定できないような場合、理性的な人間がそれぞれ異なった意見を持つのは許されてよいであろう。相対立する意見は、なんらの決着をみない場合でも快適な楽しみを提供する。また主題が珍しく興味をそそるものであれば、書物はわれわれをいわば、会話の仲間につれ込み、そして研究と社交という人生における二つの最大で至純な快楽を併せ持たせてくれる。

幸いにも、自然宗教という主題には、いま述べたような事情が全部見出されるはずである。一神の存在ほど明快で、確実な真理があるだろうか。それはどんな無知な時代にも人々に認められてきているし、それがため新しい論証や証明を提出しようとして、世にもすぐれた天才たちが野心に駆られて努力してきているではないか。この真理ほど大切な真理があるだろうか。これこそわれわれのあらゆる希望の基礎であり、道徳のもっともまちがいのない基盤であり、社会のもっともしっかりした支えであり、さらにわれわれが束の間も考え想わずにいてはならない唯一の原理ではないか。だがこの明快で重要な真理をあげつらう際に、この神的存在者の本性、つまりその諸属性、その諸教示、その摂理案については、なんとあいまいな諸問題が生じてくることか。これらの問題は、いつも人々の論争の的になってきた。これらについて、人間理性がいかなる確実な決定にも達したことがなかったからである。けれどもこれらの問題はすこぶる興味をそそる題目なため、今までのところでは疑念、不確実、撞着ばかりがわれわれのもっとも綿密な探求の成果だったにしても、われわれはそれらに関する絶え間ない研究を中止するわけにはいかない。

近頃、私がこういうことに気づく機会を持ったのは、私が例年の如くクレアンテスと一緒に夏の一時期をすごし、彼がフィロやデメアと交した会話に立ち会ったからなのだ。この会話については最近、君にだいたいの内容を知らせたはずだ。その時、君は好奇心を大変そそられたので、彼らの理屈のもっと正確な詳細にぜひとも立ち入り、そして自然宗教ほどの微妙な主題に関して、彼らが呈示したさまざまな体系をみせてほしいとのことだった。彼らの性格にみられる著しい対照も、またさらに君の期待を喚起した。つまり君はクレアンテスの厳正な哲学的気質をフィロの気楽な懐疑主義に対立させたり、この二人の性向のいずれかを、デメアの頑固不屈な正統派信仰と比較したりしたわけだ。私は年が若いために彼らの論争の単なる聞き手にさせられていた。それに年端のゆかない者に当然な、ものを知りたがるあの気持から、彼らの議論の続き具合やつながりのそっくりが、私の記憶のうちに深くきざみこまれてしまったので、これからの記述のうちで、私がなにか重要な部分を省いたり混同したりすることは、まずあるまいと思う。

第一部

私が一座に加わったとき、一同はクレアンテスの書斎に座を占めていたが、デメアがそこでクレアンテスに少しばかり賛辞を呈した。それは彼が私の教育に関して払っている大きな配慮や、また彼がそのすべての交友関係において見せている、たゆむことのない堅忍と節操に関してであった。

「パンフィロスの父親は」と彼は言った、「君の親友だった。この息子は君のお弟子だ。だからこの子に有益な学芸の百般を授けるのに際して、君が払った苦労から判定していいものならば、この子は実際君の養子と考えられるじゃあないか。たしかに君には勤勉さばかりか思慮分別も欠けていない。そこで僕がこれまで僕自身の子供たちを扱うに際して遵奉してきた処生訓を君に伝えて、それが君のやり方とどこまで一致するか知りたいと思う。僕が子供たちの教育にあたって従っている方法は《哲学の学徒は、まず論理学、さらに倫理学、次いで自然学、最後に神々の本性を学ぶべきである(*1)》という一古代人の言葉にもとづいている。自然神学というこの最後の知識は、この古代人によればすべての学問の中、もっとも深淵かつ難渋なものなので、その研究者からもっとも円熟した判断を要求するとされている。そして他のすべての知識でゆたかにされた精神だけに、この知識は安んじて託されることができるのであるという。」

「宗教の諸原理を」とフィロは言う、「君はそんなに遅れて君の子供たちに教えるのか。子供たちは教育の全課程の間、ほとんどその種の意見を耳にしなかったわけであるから、彼らがそれらを頭から無視したり拒否したりする危険はないであろうか。」「僕が自然神学の研究を後まわしにするのは」とデメアが答えた、「人間的論考や論争に支配される一知識としてだけのことである。彼らの心に早くから敬虔な気風を与えることこそ、僕の最大の気づかいだ。そこで絶えることのない教訓や訓育、またできることなら実例によって、僕は彼らのやわらかい心にあらゆる宗教原理への習慣的な尊崇の念を深くしみこませるのだ。彼らはほかのそれぞれの学問を経て行くのだが、その間、僕はなおそれぞれの部分の不確実さや、人々の際限のない討論や哲学全体のあいまいさや、また最大の天才たちの幾人かが、単なる人間理性の諸原理から由来させている奇妙で滑稽な結論などを指摘してやるわけだ。このようにして彼らの心を適当な服従と自己不信へと馴らしてしまえば、僕はもはやなんの気づかいもなく、彼らに宗教のどれほど偉大な神秘をも開示してやれるし、また哲学のあの思いあがった尊大さからどのような危険をも恐れることもないのだ。なにしろあの思いあがりの気持にひきずられると、彼らはどれほどしっかりした既成の学説や見解でもしりぞけたりしかねないからだ。」

「君の子供たちの心に」とフィロは言う、「早くから敬虔な気風を与えたいという君の配慮は、確かに大変理にかなっているし、またこの俗化した無宗教的な時代においては、なによりも要求されることだ。しかし僕が君の教育案の中で、主としてほめたいと思うことは、哲学や学問の諸原理そのものを活用する君のやり方だ。こういう諸原理は、自尊心と自己満足感をふきこむので、一般にはあらゆる時代において、宗教の諸原理にとって人の知るごとく破壊的であるとされてきているのだ。事実、俗衆は君も同意見と思うが、学問や深遠な研究には親しんでいないので、学者たちの際限のない論争をみて、一般には哲学に対する完全な軽蔑を抱いている。そしてこんなやり方で、彼らは、かねて教えられた神学の大切な諸要点の中に一層ぴったりとすがりつくのだ。一方、学問や研究に少しばかり首をつっこんだ連中は、学説の中の多くの外観的な明証さを、最新でもっとも抜群なものと受けとってしまい、人間理性にとって困難すぎるようなものはなにもないと思いこむ。そしてずうずうしくも、あらゆる障壁をつき破って寺院の最奥の聖域を汚すのだ。しかしクレアンテスは、僕と同意見だろうと思うのだが、われわれが無知というもっとも確実な対症薬を放棄した後にも、この冒瀆的自由を阻止するのになお一つだけの措置が残されている。デメアの諸原理が改善され練りあげられれば、どうであろうか。人間理性の弱体、盲目さおよび狭い領域を、われわれはしっかりと感じとろうではないか。日常生活や慣行の諸問題についてさえもの人間理性の不確実さと無際限な矛盾をそれ相当に考察しようではないか。われわれの諸感官そのものの誤謬や欺瞞、つまりあらゆる体系の第一諸原理につきまとう克服できない諸難点、また質量、原因および結果、延長、空間、時間、運動、その他要するにあらゆる種類の量、つまりなんらかの確実さないし明証性を堂々と主張できる唯一の学問の対象の諸観念そのものに付着している諸矛盾、こういうものを目の前に並べたててみよう。これらの論題が若干の哲学者たちやほとんどすべての神学者たちによって行なわれているように、その全容を露呈して示されたとき、日常生活や経験からあれほど遠い、あれほど崇高で、あれほど難解な諸論点に関して、理性の決定になんらかの配慮を向けるほどにまで、理性のこの脆弱な能力への信頼を誰が維持できるであろうか。一つの石の諸部分の結合、あるいは石に延長をもたせる諸部分の組成さえも、つまりこのような身近な対象さえもが、かくも説明不可能で、またこれほど反発的で矛盾的な諸事情を含んでいるとすれば、どのような確信をもってわれわれは諸世界の起源に関して判定を下したり、ないしは永劫から永劫への諸世界の歴史をたどったりすることができようか。」

フィロがこれらの言葉を述べている間に、私はデメアとクレアンテス両者の容貌に微笑が浮かぶのを認めることができた。デメアの微笑は今述べられた教説への全面的満足を意味しているように思えた。しかし、クレアンテスの表情にはこまやかな味わいが判別できた。それはあたかも、彼がフィロの論考の中にある種の嘲笑か手のこんだ皮肉を感じとっているかのようであった。

「君はそれでは、フィロ君」とクレアンテスは言った、「宗教的信仰を哲学的懐疑主義の上に築き上げたいと提唱するのだね。そして君の考えでは、確実さや明証さが他のあらゆる研究主題から閉め出されるとすれば、それらはすべてこのような神学的教義へと逃げこみ、その場所でよりすぐれた力と権威を得ることになる、というわけだね。君の懐疑主義が君の主張するように絶対的で真剣なものであるかどうかはこの集まりが終ったのち、僕たちに、だんだんと分ってくるだろう。僕たちはそのとき、君がドアから出ていったか、窓から逃げていったかが分るだろう。またわれわれのあやまりやすい感官や、さらに誤りやすい経験に由来している大衆的見解に則して君の身体が重力をもつかどうか、ないしはそれが倒れれば傷を負うことがありうるのかどうか、そんなことを君が真に疑っているかどうかを知ることであろう。そしてこのような考察は、デメア君、懐疑主義者たちのこの滑稽な一派に対する僕たちの悪意を鎮めるのに大いに役立つのではないか、と僕は思うよ。もし彼らがどこからどこまで本気でいるならば、彼らはその疑いや揚げ足とりや論議で世間をながらくさわがせたりはしないだろう。もし彼らが単にふざけているのだとすれば、彼らは、あるいはへたな風刺家であるかも知れないが、国家にとっても哲学にとっても、ないしは宗教にとっても決して非常に危険ではありえない。」

「事実、フィロ君」と彼は続けた、「僕には確実なことと思えるのだが、ある人が人間理性の多くの矛盾や不完全さに関する激しい熟慮の後に一時のむら気にかられて一切の確信と意見を完全に放棄することがあったにしても、このような完全な懐疑主義の中に居つづけることや、この懐疑主義を数時間にせよ自分の行為の上で表わしてみせることは彼にとって不可能だ。外界の諸対象が、彼に印象を与えるし、諸情念が彼の心をそそのかし、彼の哲学的憂鬱は四散する。そして自分自身の気分に対してどれほど大きな暴力を加えても、懐疑主義のあわれな外観を一刻も維持することができないであろう。それにどういう理由があってそのような暴力を、わが身自身に課さなければならないのか。これこそ彼の懐疑主義的諸原理と矛盾することとなしに、彼が自分自身を決して納得させることができないであろう一要点なのだ。このような次第で、もし現実に彼らが、彼らの学派の弁舌から学びとったあの懐疑主義、そして彼らが彼らの仲間の中にだけ止めておくべきだったあの懐疑主義を、世に主張されているごとくに、至るところに普及させようと努力したのだとすれば、全般的に見て、これらの古代の懐疑論者たちの諸原理ほど滑稽なものは他にありえなかったであろう。

こう見るとストア哲学者（stoics）の学派と懐疑論者（pyrrhonians）の学派の間には、両者が永遠の敵対者であるにもかかわらず大きな類似点が現われてくる。そしてこの両者とも、次のような誤った格率にもとづいているように思えるのだ。つまり、それは人間が時として、またある気分のとき、遂行できることはすべて、彼は常にまたどんな気分の時でも実行できるという格率だ。精神がストア哲学的反省によって美徳の崇高な熱狂にまで高揚され、なんらかの種類の名誉ないし公的善事によって強い衝撃を与えられると、最大限の身体的苦痛や苦難も、これほどの高い義務感を打ち負かすことがないであろう、というわけだ。こういうやり方によれば、拷問の真只中において微笑し歓喜さえおぼえることが、おそらく可能なのだ。このようなことが時折、現実の事例としてありうるとすれば、はるかにこれ以上に、哲学者ならば自分の学派の中において、いや自分の書斎の中においてさえ、あれほどの熱狂にまで、思う存分に興奮し、自分が考えうるかぎりのもっとも激しい苦痛とか、最も不幸な出来事とかを、空想の中でがまんするということがありうるわけだ。しかしこの哲学者もこのような熱狂そのものにどのようにして耐えることができるであろうか。彼の精神の習癖は弛緩し思うようにとり戻しえない。雑務が彼をわき道にそらす。不幸が思いがけず彼を襲う。こうして哲学者たるものが、次第しだいに民衆一般におちこんでいくのだ。」

「君のストア哲学者と懐疑論者の比較を僕も認めるよ」とフィロは答えた、「しかし、同時に君も目にとめることができるであろうが、精神がストア主義においては哲学の最高度の飛翔に耐えないとしても、それどころか精神がより低く下降する場合でさえも、精神はなおそれ特有の以前の傾向の幾分かは依然として保持しているのだ。そしてストア哲学者の論考の結果は、日常生活における彼の行動の中やまた彼の行為の全過程を通じて現われてくるのだ。古代の諸学派、なかんずくゼノン(2)の学派は現在の人々には驚異的に思える美徳や節操の実例を示した。

一切はむなしき知恵およびあやまれる哲学にすぎず、
されど心地よき魔術により、束の間にもせよ、
苦痛あるいは不安を麻痺させ
あやまれる希望を喚起し、あるいは
あたかも三重の鋼鉄を用いたる如く

固陋なる心を頑迷なる忍耐により
武装させえたり。(3)

これと同じように、もし人が理性の不確実や狭い範囲に関して懐疑主義的考察になれてしまうと、彼が他の主題に反省を向けた場合にも、懐疑主義的考察を完全に忘れ去ることはないであろう。そして、彼の日常の行為においてまでとは僕もいわないが、彼の一切の哲学的諸原理や論考において、彼は問題の事例に関してなんらの意見も抱かなかった人々とか、あるいは人間理性にとってもっと好意的な見地を抱懐してきた人々とは異なっていると見られることだろう。

ある人が懐疑主義についての彼の思弁的諸原理をどのような長さにまでおし進めることが可能にせよ、彼とて、もとより他の人たち同様に行ない、生き、また話さなければならない。そしてこのような行動について彼が示さなければならない唯一の理由があるとすれば、それは彼がそうしなければならない立場にいるという絶対的な必要性だけだ。もし彼がこの必要性にせまられる以上のところまで自分の思弁をおし及ぼし、そして自然的あるいは道徳的主題に関して哲学的論考を行なうとすれば、彼はそのようなやり方でものを考えるに際して見出されるある種の快楽と満足にさそわれるのだ。さらに彼が考慮することは、誰もが日常生活においてさえ、多かれ少なかれこのような哲学を持つようにと強制されているということだ。またわれわれがわれわれのもっとも幼い幼少期以来、行為や論考に関して次々とさらに一般的な諸原理を形成するため不断の前進を重ねているということだ。われわれが幅広い経験を持てば、もっとそしてより強力な理性を備えれば備えるほど、われわれは常にわれわれの諸原理をそれだけ一層一般的で包括的なものにするということだ。そしてわれわれが哲学と呼ぶものは同じ種類のものの、より規則的で方法論的な働きに他ならないということだ。このような主題に関して哲学的論考を行なうことは、日常生活についての論考と本質的にはなんら異ならない。そしてわれわれは、われわれの哲学から哲学独自のより正確でより細心の措置法のおかげで、たとえより大きな真理ではないにせよ、より大きな安定性を期待できるにすぎないのだ。

しかしわれわれが人間事象を越えまた身辺の物体の特性を越えてながめるとき、つまりわれわれが事物の現状の以前および以後の二種の永劫とか、宇宙の創造および形成、精神の存在と特性、始めも終りもなく存在し、万能、全知、不可変、無限、そして不可知な一つの宇宙精神の力と働きにわれわれの思弁を向けると、われわれはほんの僅かの懐疑的傾向からもはるかに遠ざけられてしまい、われわれは、今やわれわれの諸能力の範囲を全く越えてしまったと解さざるを得ない。われわれがわれわれの思弁を、商売や道徳や政治や文芸批判にかぎるかぎり、われわれはいつでも常識や経験をたよりにするものだ。ところでこれらはわれわれの哲学的結論を強化し、かつまたすこぶる微妙で繊細なあらゆる論考についてわれわれが当然に抱く疑惑を（少なくとも部分的には）とり除くものなのだ。ところが神学的論考に際しては、このような利点をわれわれはもたないのだ。それというのも、われわれがこの際、同時にたずさわる対象は、われわれが感得せざるを得ないように、われわれが把握するのに巨大すぎるし、またあらゆる対象のうちわれわれの理解力にもっとも親しみにくいものだからだ。われわれは異国における異邦人のようなもので、すべてのものが当然疑わしく見えるし、また共に暮らしつき合っている国民の法律や慣習をいつ犯すかも知れない危険な状態にいるのだ。われわれはこのような主題についてわれわれ自身の卑俗な論考法をどこまで信頼すべきかどうか自分でも分らないのだ。というのは日常生活とか、またとくにこの種の論考法に適している領域においてさえ、われわれはそんなやり方の説明がつけられるわけではなく、その使用に際しては一から十まで一種の本能ないしは必要にひきずられていたからである。

すべての懐疑論者の主張によれば、理性は抽象的見地で考察された場合、自己自身を反駁する打ち勝ち難い論証を提供するという。また仮に懐疑論的論考がそれほど繊細かつ微妙ではなくて感官や経験から由来するもっと堅固でもっと自然な証明に対抗できたとしても、われわれはどのような主題に関してもなんらの確信も保障も決して保持できなかったことだろうという。しかし自明なことだが、われわれの論証がこの利点を失い日常生活から遠ざかれば、つねにこの上もなく繊細な懐疑主義が論証と同一の立場に立つにいたり、それに対抗し均衡することが可能なのだ。もはや一方が他方より重いということはない。精神は両者の間で宙づりの状態に止まらざるを得ない。そしてこの宙づり状態ないし均衡こそ懐疑主義の勝利なのだ。」

「しかし、フィロ」とクレアンテスは言う、「君とかその他すべての思弁的懐疑論者に関して僕が注意したいのは、君たちの学説や実践は、理論のもっとも難渋な諸点においても、また日常生活の行ないに関しても非常にまとまっていないということだ。明証性が姿を現わせば、君たちはいつでも君たちのいわゆる懐疑主義にもかかわらず、それにすがりつく。また、僕の見るところでは君たちの学派の幾人かは、確実性や確信をより堂々と公言している人々と同様に断定的だ。事実、虹という不思議な現象についてのニュートンの説明を、それが人間の理解力にとって確かにあまりにも繊細である一主題、つまり光線の微細な解剖を与えているからというので、排撃しようと主張するような人間は滑稽ではあるまいか。とすれば、地球の運動に関するコペルニクスやガリレオの証明にとくに反対すべき理由ももたないのに、このような主題は人間の狭い誤りやすい理性によって説明されるにはあまりにも壮大で遠隔である、という一般原理にたって同意をこばむような人間に対して、君たちはなんというつもりなのだね。

事実、君もよく見たことだろうが、世の中には一種の動物的で無知な懐疑主義が存在しているものだが、これが俗衆たちに彼らがやすやすと理解できない事柄に対する一般的な偏見を与えており、また証明したり確立したりするのに苦労を伴う論考を要求するような、どのような原理をも大衆に拒否させるのだ。この種の懐疑主義は、知識には致命的だが宗教にはそうではない。というのは懐疑主義をもっとも堂々と公言する人々が、しばしば有神論や自然神学の偉大な諸真理ばかりか、伝統的迷信によって推奨されてきたもっとも不条理な諸教義にさえ、同意しているのがみられるからだ。彼らは魔女をかたく信じている。しかも彼らはユークリッドのもっとも単純な命題を信ぜず、また顧慮しようとしない。しかし繊細な哲学的懐疑論者は反対の性質の無定見さに落ちこんでいる。彼らは科学のもっとも難解な一隅まで、探求をおしすすめる。そして彼らの同意は彼らがたまたま出会う明証性に比例して彼らのあとを一歩ごとに追う。彼らは、もっとも難解で遠隔の対象が哲学によりもっともよく説明される対象である、と認めることをよぎなくさえされている。光線は事実、解剖されている。諸天体の真の体系は発見され確証されている。しかし食物による身体の栄養摂取はなお説明不可能な一神秘である。物質の諸部分の凝集は、なお不可知である。それゆえ、これらの懐疑論者はあらゆる問題に際して、それぞれの個別的な明証性を別個に考察し、彼らの同意をその時々の明証性の正確度に比例さすことをよぎなくされている。これがあらゆる自然的、数学的、道徳的および政治的科学における彼らのやり方だ。とすれば神学的および宗教的知識においても、どうして同じことが行なわれないであろうか。この性質の結論だけが明証性のなんらの個別的討論なしに、人間理性の不十分さという一般的推定にもとづいて、なぜ拒否されなければならないのであろうか。このような不公平な行為は偏見および情念の明白な証拠ではないだろうか。

君の言うところによると、われわれの感官は欺きやすく、われわれの知性は誤りが多く、われわれにいちばん身近な対象である延長、持続、運動の観念さえ不合理や矛盾にみちていると言うのだな。君は僕にはこれらの難問が解決できないか、それらの中に君自身が見出した撞着を解消できないとか言うつもりなのか。そんなだいそれたことを企てる能力なんか、僕にはないよ。僕にはそんな暇もない。僕はそんな企てはよけいなことだと思うね。君自身の行為が、事あるごとに君のいう原理にそむいているではないか。そして学問、道徳、思慮分別、それに行動のあらゆる広く認められた根本原理への極めてかたい信頼を示しているよ。

ある有名な著述家が、(＊4) 懐疑論者は哲学者の一派でなく虚言者の一派にすぎない、と言っているが、僕はこの人の意見のような乱暴な考えに決して賛成するわけではない。けれども僕は、(気を悪くしないでもらいたいが)彼らがおどけ者かひやかし屋の一派だ、と主張したい。しかし僕としては陽気で楽しい気分でいるときにはいつでも、それほど面倒でもない難渋でもない性質の娯楽を確かにえらぶことだろう。喜劇、小説、あるいはせいぜい歴史がこんな形而上学的な詮索や抽象論よりも、もっと自然な気ばらしのように思えるね。

懐疑主義者が学問と日常生活の間、あるいは、一つの学問と他の学問との間に差別をもうけても、それは無駄だろうよ。論証というものは、あらゆるものに用いられても、もし正しければ似たような性質をもつし、また同一の力と明証性を含むものだ。また諸論証の間に、仮に何か相違があるにしても、神学や自然宗教の側が完全に有利だ。機械学の多くの原理は大変難渋な論考に基礎を置いている。けれども、およそ学問に首をつっこんでいる人なら誰でも、それどころか思弁的な懐疑主義者さえもこのような諸原理に関して、わずかにもせよ疑いを抱いたりはしない。コペルニクスの体系には、この上もなく驚くべき逆説が含まれており、これはまたわれわれの自然な考え方やありのままの現象や、われわれの感覚そのものにもっとも反している逆説なのだ。しかも今日では、僧侶や宗教裁判官さえ、この体系への反対論を撤回せざるをえなくなっている。それなのに人も知る極めて自由な資質と該博な知識の持ち主であるフィロが、もっとも単純でもっとも明瞭な論証にもとづいているので、人為的な障害にでもぶつからないかぎり、人の心にあれほどやすやすと近づき入りこむ宗教上の仮説について、一般的でとりとめのない疑念をいだくとでも言うのかね。」

「さあ、こうなるとわれわれは」と、彼はデメアの方にふり返りながら言葉をついだ、「学問の歴史の中に一つの大変奇妙な事態を認めることができるのだ。キリスト教の最初の成立に際して、哲学が民間宗教と結合した後、すべての信心深い教師たちの間では、理性に反対し、感覚に反対し、つまり人間の探求や考究からだけ由来しているあらゆる原理に反対する熱弁ほど広く行なわれたものはなかった。古代のアカデミー派のすべての論題は〔初期の〕教父たちによって採用され、そしてそこから数世代の間、全キリスト教圏にわたるすべての学校や教団に普及した。宗教改革者はこれと同じ論考の、というよりもむしろ熱弁の原理を信奉した。そこで信仰の卓越性へのあらゆる賛辞には、自然的な理性に対する風刺のいくつかのきびしい打撃が折りこまれないではいなかった。(＊5) キリスト教の証験論を著わした極めて該博な知識の持ち主である有名なローマ・カトリック教会の一高僧もやはり一論文を書いているが、そこにはすこぶる奔放で果断な懐疑主義《フィロニズム》に対するありとあらゆる難癖がもられている。ロック(6)は、信仰が一種の理性にほかならないこと、宗教が哲学の一分岐にほかならないこと、また道徳学や政治学や物理学における真理を確立する一連の論証に似たような推論が自然神学および啓示神学のあらゆる原理を発見するに際して、常に用いられていることをあえて公然と主張した最初のキリスト教徒だったと思われる。ベール(7)その他の自由思想家たちが行なった教父や初期の宗教改革者の哲学的懐疑論の濫用は、ロック氏の至当な意見をさらに一層広めた。だから今日では、無神論者と懐疑論者とがほとんど同義語であるということは、理論や哲学に一家言をもつ人々によって、ある意味では公認されていることなのだ。それに誰にもせよ、懐疑論の原理を公言するとき、本気でやっているはずがないことは間違いないのだから、無神論の原理をまじめに支持する人も同じように、ほとんどいないことを望みたいものだね。」

「この問題について」とフィロが言った、「ベーコン卿(8)のうまい言葉を君は思い出さないかね。」「少しばかりの哲学は」とクレアンテスは答えた、「人を無神論者にする、たくさんの哲学はその人を宗教へと改心させるという言葉だろう。」「それもまた大変至当な評言だよ」とフィロが言った、「しかし僕が思い浮かべているのは別の一節だ。そこではこの偉大な哲学者は、ダビデが述べている《わが心のうちに神なし》と言った愚かものに言及した後、無神論者は今日二重の愚かさを見せていると批評している。なぜなら、彼らは彼ら自身の心の中に神なしというだけでは満足せずに、そのような不敬虔をわれとわが口唇を用いて口外し、こうして倍増された軽率さと無思慮のとがめを負っているからだ、というわけだ。そのような連中は仮にどれほど真剣だったとしても非常に手ごわいはずはないと思うね。

しかし君が僕をこの種類の愚かものの一員とみなすにしても、僕は一言批評せずにはいられないのだ。これは君が僕に話してくれた宗教的また無宗教的懐疑主義の歴史から僕の心に浮かんだのだ。この事態の進捗全体の中に、僧侶階級の策略の強い兆候があるように僕には思える。無知の時代を通じて、それは、たとえば古代諸学派の解体の次にきた時代などだが、こういうときに僧侶たちが感じとったことは無神論、理神論ないしはどんな種類にもせよ、異端は、世に入れられている見解を僭越にも問題化することだとか、また人間理性があらゆる事柄に対応できるという信念から、もっぱら由来している可能性があるということだ。当時は教育が人々の心に強大な影響力をもっていたし、またそれは力の点で、どれほど覚悟を決めた懐疑主義者でも支配されずにはすまなくなってしまうような感官や常識の暗示とほとんど同等であった。しかし現在では教育の影響は大いに減少しているし、また人々は世間のもっと解放的な交際から、さまざまな国民や時代の民衆的な諸原理を比較することを学んでしまっているので、わが賢明な聖職者たちは彼らの全哲学体系を改変し、懐疑主義者やアカデミー学派の言葉ではなく、ストア主義者やプラトン主義者や逍遥学派の用語を話している。われわれが人間理性を信用しないとすれば、われわれは今ではわれわれを宗教へと導き入れる何一つ他の原理をもたない。こうしてある時代には懐疑論者、他の時代には独断論者というわけだ。どちらの体系にせよ、これらの尊師さま方の意図にもっともかない、この方々に世人への優越をもたらすものを、彼らは必ず彼らの愛好する原理および確立された趣旨とするのだ。」「人々が」とクレアンテスが言った、「自分たちの教説をもっともよく弁護できると判断する諸原理を抱懐するのは非常に自然なことだ。またそれほど理屈にかなった便法を説明するのに、われわれはなにも坊主の政略をひき合いに出すまでもない。それに確かにある一組の原理が真の宗教の確認の傾向をもち、またあらゆる種類の無神論者、自由主義者および自由思想家の難癖を粉砕するのに役立つのを目にとめることほど、それらの原理が真理であり抱懐されるべきであるということについての強力な主張を呈示できるものはないのだ。」

第二部

「正直にうちあけなければならないが」とデメアが言った、「クレアンテス、これまでずっとこの議論をしてきた君の知識は、何にもまして僕を驚かせずにはいないよ。君の話の口調全体から人は想像しかねないのだが、君はまるで無神論者や不信心者の難癖に反対して、神の存在を主張しているみたいだし、またあらゆる宗教のあの基本的原理の擁護代表者にならざるをえなくなってしまっているようだ。しかしこれが決してわれわれの間の問題なのではないと思うよ。どんな人間も、つまり少なくとも常識をもったどんな人間も、あれほど確実で自明な真理に関して、かつて真剣な疑いを抱いたことはなかったと僕は確信している。問題は神の存在についてではなく神の本性に関してなのだ。この点を僕は人間知性の虚弱さから、われわれにとっては全く理解不可能で未知だと主張するわけだ。あの至高の精神の本質、その諸属性、その存在の在り方、その持続の本性そのもの、このようなことやその他これほど崇高な存在に関するあらゆる細目は人間にとって神秘的なのだ。有限で弱く、そして盲目な被創造物として、われわれは神の尊厳な現存の前にへりくだるべきであり、またわれわれの脆弱さを自覚して、神の無限な完全さを沈黙のうちに称えるべきなのだ。なにしろ、神の完全性を、目は見たことがなく、耳は聞いたことがなく、かつまたそれらを知ろうとすることは、かつて人の心に思い浮かんだこともなかったのだから。それらは人間の好奇心に対しては深い雲でおおわれている。この神聖な暗闇をつき抜けようと試みることは冒瀆である。そして神の本性や本質、指令や属性をうかがい知ろうとする無謀さは、神の存在を否定する不敬虔につぐものだ。

しかし、僕の敬虔がこの際、僕の哲学をうち負かしてしまったと思われては困るから、僕は一つの非常に偉大な権威によって僕の見解を、もしそれがなんらかの支持を必要とするならばの話だが、支えておきたい。キリスト教の成立以来、このような、ないしはその他なんらかの神学的な主題をかつて取り扱った神学者たちのほとんどすべてを、僕はできるものなら引用したいところだ。しかし目下のところは敬虔と哲学の双方で有名な一人の人物だけにかぎることにしよう。それはマールブランシュ神父(1)で、この人は僕の記憶では次のように述べている(＊2)。

《人が神を》と同神父は言っているのだが、《精神と呼ぶのは、神がなんであるかを積極的に表現するためというよりも、むしろ神が物質でないことを意味するためでなければならない。神は無限に完全な一存在である。この点をわれわれは疑うことはできない。しかし神が身体を持つと想定した場合でさえも、神人同形同性論者が主張したように、人間の姿態が何よりももっとも完全なものだというふくみで、神が人間の身体をまとっていると想定すべきではないのと同じように、われわれが人間の心以上に完全なものは何も知っていないというたてまえから、神の精神が人間的観念をもつとか、われわれの精神となんらかの類似を帯びているとか想像すべきではない。われわれはむしろ神が物質的でないにもかかわらず、物質の諸完全性を包括しているように、……神はわれわれが精神を理解するやり方での精神ではないにもかかわらず、創造された諸精神の諸完全性をも、また包括していると信ずるべきであろう。つまり神の真の名前は存在している神であり、つまり言葉をかえれば制約のない存在、一切の存在、無限で普遍的な存在である、ということを信ずべきである》。」

「君が持ち出したような、デメア君」とフィロが答えた、「そんな偉大な権威やまた君ができるものなら持ち出したいというその他千もの権威の後では、僕の意見を付け足したり君の学説についての僕の同意を表明しても、僕が滑稽に見えるだけのことだろうよ。しかし理性的な人々が、こういう主題を取り扱う場合、確かに問題は、決して神の存在に関するということはありえず、神の本性だけにかかわっているのだ。前の方の真理は君も十分に認めることだろうが、異論の余地がなく、また自明なのだ。何者も原因なしには存在しない。そしてこの宇宙の根源的原因（それがなんであろうと）をわれわれは神と呼ぶ。そしてこの神に、あらゆる種類の完全性をわれわれは敬虔に帰属させるのである。この基本的真理を狐疑する人は誰でも、哲学者の間において科されることの可能なあらゆる処罰、すなわち最大の嘲笑、侮蔑および否認に価いするのだ。しかしあらゆる完全性は、全く相対的であるから、われわれはわれわれがこの神的存在の諸属性を理解すると想像したり、あるいはこの神の諸完全性が、人間という被創造物の諸完全性になんらかの類比ないし類似をもっと決して想定してはならない。知恵、思惟、意図、知識、これらのものを、われわれは当然神に帰する。なぜならばこれらの言葉は人間の間で名誉に価いし、かつまたわれわれは、神への尊崇を表現できるような他のいかなる言葉も概念も持たないからである。しかしわれわれの諸観念が、神の諸完全性にともあれ対応するとか、神の諸属性が人間間におけるこれらの諸性質になんらかの類似をもつとかいうようなことを、われわれが考えたりしないように注意しようではないか。神はわれわれの制限された視野や理解を無限に超越しており、諸学派における討論の対象というよりも、むしろ寺院における崇拝の対象なのだ。」

「事実、クレアンテス」と彼は言葉を続けた、「このような結末に到達するためには、君にとってあれほど不愉快な例のもってまわった懐疑主義に助けを求めるなんの必要もないのだ。われわれの諸観念はわれわれの経験以上には達しない。われわれは神の諸属性や諸作用についてなんの経験も持たない。僕が僕の三段論法の結論を出す必要はあるまい。君は君自身で推論することができるはずだ。そこで、正しい論考と健全な敬虔がこの際、同一の結論に協力し、この両者が至高存在の崇高にも神秘的で理解不可能な本性を確立することは、僕にとって（そして君にとってもそうであって欲しいのだが）一つの喜びなのだ。」

「あれこれまわりくどいことを言って時間をつぶしても仕方ないから」とクレアンテスはフィロの敬虔な熱弁に答えるというよりも、デメアに話しかけながら言った、「僕がこの問題をどう理解しているかを簡単に説明しよう。世界を見回してみたまえ。その全体とあらゆる部分をよくながめたまえ。君は世界が一つの大きな機械にほかならず、無数のより小さな諸機械に細分されているのを見出すだろう。そしてまた、この小さな諸機械が、さらに細分を受け入れ、遂に人間の感官や能力が跡づけたり、説明したりすることのできる程度を越えてしまうに至るのだ。これらすべてのさまざまな諸機械およびそれらのどれほど微細な諸部分であろうとも、相互に一種の正確さで適合されており、この事実は、それらをかつて熟視したすべての人々の心を奪って驚嘆の念を抱かせるのだ。全自然を一貫している手段の目的への巧妙な適合は、程度は遥かに高いにせよ、人間の工夫、つまり人間の意図、思惟、知恵および知性への諸成果と正に類似している。このような次第で結果が相互に類似しているからというので、われわれは、類比のあらゆる法則によって、原因もまた類似していると推論するに至るのだ。また自然の創作者が人間の精神にある程度似ていると推測するに至るのだ。ただ自然の創作者は、彼が成就した作品の偉大さに比例して、遥かに大きな諸能力を備えているだけの違いなのだ。このようなア・ポステリオリ(3)の論証により、またこの論証だけによって、われわれは直ちに一神の存在と、この神の人間の精神や知性への類似性を証明するのだ。」

「すまないけれどクレアンテス君、言いたいことを言わせてもらうよ」とデメアは言った、「そもそもの初めから、僕は神の人間への類似に関しての君の結論に同意することはできなかったのだ。まして君がその結論を確立するために努めている手段については、僕は一層同意できないのだ。なんということだ。一神の存在の証明ができないとは。抽象的な論証があり得ないとは。ア・プリオリの証明があり得ないとは。これらすべては、哲学者たちによってこれまであれほど主張されてきたのに、すべてが虚偽であり、すべてが詭弁だというのか。われわれはこの主題に関して経験と蓋然性以上には達しえないのだろうか。もちろん、僕はこのことが神の立場を裏切っていると言いたいわけではないのだ。しかし確かに、このような見せかけの公平さによって、君は無神論者に荷担しているよ。論証や論考の力だけによれば、彼らは決してそんな利点を得ることができるはずはないのだ。」

「この主題について、主として僕の気にかかることは」とフィロが言った、「あらゆる宗教的論証がクレアンテスによって経験に還元されるということよりも、むしろそれら論証すべてがそのような下級の種類のもっとも確実で、もっとも反駁不可能な論証でさえないことが明らかだということだ。石が落下し、火が燃え、大地が固体性を持つこと、こういうことを、われわれは何千回も観察してきた。そこでこの種の何か新しい実例が示されると、われわれは躊躇することなしに慣習的な推論を行なう。事例の正確な類似性が、われわれに類似的な出来事について完全な確信を与える。かくしてそれ以上に強力な明証性は決して望まれず、また求められもしない。しかし、君たちがほんのわずかでも事例の類似性から外れる場合は、常に君たちはそれに応じて明証性を減少する。かくして遂には明証性を極めて脆弱な類比と化してしまう可能性があるのだ、類比は誰でもが認めるごとく誤謬と不確実さに堕しやすいものなのだ。人間という被創造物における血液の循環を経験した後には、われわれはそれが、ティティウスやメヴィウスの中で生じていることを疑わない。しかし蛙や魚における血液の循環から、それが人間および他の諸動物の中において生じているということは、よしんば、それが強力な想定にもせよ、やはりそれは類比からの一想定にすぎない。血液が動物において循環するというわれわれの経験から、われわれが植物における体液の循環を推理するとすれば、類比的論考もさらに脆弱化する。このようにしてかの不完全な類比に、あわてて従った人たちは、より正確な実験によって、誤りを犯したことを見出されるのだ。

われわれが家を見れば、クレアンテス君、われわれはそれが建築家ないしは建築者をもったことを最大の確実さを以て結論する。なぜなら、これこそ正にわれわれがその種の原因から由来するのを体験したその種の結果だからだ。しかし、確かに君も主張しないだろうと思うが、宇宙が家へのそっくりそのままの類似をもっていて、われわれが家の場合と同一の確実性で類似的な原因を推測できるとか、あるいは、類比がこの場合も欠けたことなく、完全であるとはいえまい。相違点が極めて強力なので、この場合、君が主張できる最大限も、せいぜい類比的な原因に関する推量、推測、想定にすぎない。そしてそのような想定が世間でどう受けとられるであろうかについては、君の方で考えていただきたいね。」

「そんな想定は、確かに非常にすげなく受けとられるだろうよ」とクレアンテスが答えた、「そして仮に、僕が一神の証明が一種の推量ないし推測以上には帰しえない、ということを認めでもしたら、僕はそれ相当に非難され、憎悪されることだろうよ。しかし、家における、また宇宙における諸手段の諸目的への全適合はそれほど軽微な類似であろうか。目的原因の組織はどうであろう。秩序、比例および各部分の配列は。階段の諸段階は、人間の足が上昇に際してそれらを利用できるようにと明らかに考案されている。そして、この推論は確実で誤ることがない。人間の足はまた歩いたり、登ったりするため考案されている。またこの推論は、君が指摘するような相違点が原因して、確かに一から十までそれほど確実ではない。しかしだからといって、それは単なる想定ないしは推測の名のみに価いするのであろうか。」

「これはしたり」、とデメアは彼の言葉をさえぎりながら叫んだ、「おかしなことになったよ。宗教の熱烈な擁護者たちが、一神の証明は、完全な明証性に達しえないということを認めているではないか。しかも君は、フィロ、神の本性の崇拝に価いする神秘性の証明に関しては、この僕も君の助力にたよっているというのに、その君がクレアンテスのこのようなすべての法外な見解に同意するというのかい。だって、このような見解は、他の名前で呼びようがないではないか。そもそも、あんな諸原理があのような権威によって支持されて、パンフィロスのような若い人間の眼前で持ち出された時、僕としてもどうして批判をこれ以上控えていられようか。」

「君は見たところよく分っていないらしいが」とフィロは答えた、「僕はクレアンテスとこの男独自のやり方で論議しているのだ。そして、彼の論旨の危険な帰結を示してやることにより、彼をわれわれの意見に最後にはひき込もうと望んでいるのだ。しかし、僕の見るところもっとも君の気にさわることは、ア・ポステリオリの論証についてクレアンテスが行なった持ち出し方ではないか。そしてこの論証がつかまえようとする君の手から抜け出して、宙に消え失せそうなのを君は見出して、そのような論証がその真の姿で照らし出されることがあろうとは、ほとんど信じえないほど変装していると思っているのではあるまいか。ところで僕は、他の諸点ではクレアンテスの危険な諸原理に対して、どれほどの異論を持つにせよ、彼があの論証を堂々と呈示したことは認めざるを得ない。そこであれに関して君がこれ以上狐疑を抱かないようなやり方で、君に問題を説明するように努めたい。

ある人間が自分が知っていることとか、見たことのあることとかのすべてを抽象しなければならないならば、彼は宇宙が、どんな種類の情景でなければならないかを決定することや、事物の一状態ないし一立場を、他の立場より好んだりすることを単に彼自身の諸観念からだけで行なうことは、全く不可能であろう。なぜならば、彼が明晰に理解するものはなんであれ、不可能ないしは矛盾を内含すると評価されることはありえないのであるから、彼の空想の産むあらゆる妄想も同じ評価をうけることになるであろうからである。また彼はどの観念ないし体系も等しく可能なのであるから、一つに固執し、その他を排除するなんらの正当な理由もあげ得ないであろう。

さらにまた彼がわが目をひらき、世界をそれが現にあるがままの姿で熟視した後においても、彼にとっては、まず第一にいかなる出来事の原因を指摘することも、ましてや事物の全体ないしは宇宙の原因を指示することなど、とうてい不可能なことであろう。ましてや事物の全体ないしは宇宙の諸原因を指示することなど、とうてい不可能なことであろう。彼は自分の空想を欲しいままに遊ばせることであろう。そこで彼の空想は、彼を無限で多様な諸関係や諸表象の中へとつれ込むことであろう。これらの諸関係や諸表象はすべてが可能的であろう。しかしすべてが等しく可能的なのであるから、彼はそれらのある一つを他のすべてに優先させるについての十分な説明を、彼みずからは決して与え得ないであろう。経験だけが、ある現象の真の原因を彼に指示することができるのだ。

さて、このような論考法によれば、デメア君、目的原因の序列、配列ないし適合は、それ自身としては意図についてのなんらの証明ではなく、そのような序列が、この原理から由来していると経験された範囲においてのみ証明として認められるという結果になり（また事実、クレアンテス自身によっても暗黙の中にそのように容認されているのだし）、われわれがア・プリオリに知ることができる限りにおいては、物質も精神の場合と同じように、それ自体の内部に根源的に序列の源泉ないし起源を含む可能性がある。そしてさまざまな諸要素が内的な未知な原因から、この上もなく精緻な配列にまとまり得ると想定することには、それら諸要素の観念が偉大で普遍的な精神の中において、同じような内的で未知な原因からその種の配列にまとまると想定すること以上の難点が存するわけではない。これら二つの仮定の同等な可能性は容認されている。しかし経験によってわれわれは両者間に相違があることを（クレアンテスによれば）見出すという。いくつかの鉄片を姿も形もないままで、一緒に放りなげてみるがよい。それらは決して時計を構成するようなかたちでまとまりはしないであろう。石材と漆喰と木材は建築家なしでは決して一軒の家を建てない。ところが人間精神における諸観念は、われわれが見るところ、未知で説明不可能な一組織によって時計ないしは家屋の設計図を形成するようなかたちでまとまる。経験はそれ故、物質の中ではなく精神の中に序列の一根源的原理が存することを証明している。類似的な結果から、われわれは類似的な原因を推論する。手段の目的への適合は、人間が考案した機械の中においてと同じように、宇宙の中にも存している。諸原因はそれ故、類似しているはずである。

正直に言って僕は初めから、神と人間という被創造物の間に主張されているこの類似については、面白からず思っていたのだ。そしていかなる健全な有神論者も我慢できないような至高存在についての品位下落を、この類似という考え方が含蓄していると思わざるを得ないのだ。そこでデメア、君の助けをかりて僕は君がたった今、神の本性の尊崇に価いする神秘性と呼んだものの弁護に努めたいのだ。そしてまた僕がクレアンテスの論考について公正な解明をしたと彼が認めるかぎりにおいて、彼のこの理屈を否認しようと思う。」

クレアンテスが同意すると、フィロはちょっとひと息ついてから次のように話を進めた。

「事実に関するあらゆる推論が、クレアンテス、経験に基礎を置いているということ、また一切の実験的〔経験的〕論考が仮説に基づいていること、類似的な原因が類似的な結果を、また類似的結果が類似的原因を証明するということ、このようなことを僕は今、君と大いに討論する気はない。しかしどれほど極端な注意をはらってあらゆる正しい論考者たちが実験〔経験〕を類似的な原因に帰する仕事を進めて行くかを見てくれたまえ。事例が正確に類似的でないかぎり、彼らは彼らの過去の観察をなんらかの特殊な現象に適用するのに、完全な信頼感をよせたりはしない。状況のあらゆる変化が出来事に関して疑念を惹起する。また新しい状況が重要ないし重大でないことを確実に証明することは新しい実験を要求する。空気ないしは周辺の諸物体の容積、位置、配列、年代、配置の変化、このような細目のどの変化でももっとも予期されていなかった帰結を伴う可能性があるのだ。そして対象がわれわれにとって全く親しいものでないかぎり、これらの変化のどれか一つの後に、以前にわれわれの観察の対象になった出来事と類似的な出来事を、確信を以て期待するのは最高度の軽率なのだ。哲学者の緩慢で思慮に富む一歩一歩は、他の場合はともあれ、ここにおいてこそ俗衆のあわてふためいた行進から区別されるのだ。なにしろ俗衆はどれほど小さな類似によっても駆りたてられて、あらゆる識別ないし考察の能力を持たないものなのだ。

しかしクレアンテス、君が家屋、船舶、家具、機械を宇宙にたとえて、そしてある状況下におけるそれらの類似性からそれらの諸原因における類似性を推論したりして、そんなに遠くまで、君がやったように踏み出してしまった過程において君の不断の冷静さと哲学が維持されてきたと、君は考えることができるのかね。われわれが人間やその他の動物の中に見出すような思惟、意図、知性は、宇宙の源泉や原理の一つにほかならず、われわれの日常の観察に入ってくる暑さ、あるいは寒さ、牽引、あるいは反発、その他何百もの事柄と同じようなものだ。それは能動的な一原因であり、これによって自然のある特殊な諸部分が他の諸部分に変化を産み出すのが見られるわけだ。しかし部分から全体へとある結論がなんらかの的確さをもって及ぼされることが可能だろうか。大きな不均衡さが、あらゆる比較や推論を抹殺するのではあるまいか。一本の髪の毛の成長を観察することから、われわれは一人の人間の発生に関して何かを学ぶことができるであろうか。一枚の木の葉の風に吹かれかたは、たとえそれが完全に知られた場合でも、一本の木の生成に関してわれわれになんらかの知識を与えてくれることがあり得ようか。

しかしわれわれが自然の一部分の他の一部分への諸作用を、全体の起源に関するわれわれの判断の基礎と見なすべきだということを（こんなことは決して認められえないのだが）容認するとしても、動物の理性や意図が、この地球という衛星の上で見出されるような、こんなにも微細でこんなにも脆弱でこんなにも制約された一原理をなんで選ぶことがあろうか。われわれが思惟と呼ぶ頭脳の中のこの小さな興奮は、われわれがそれをこのように全宇宙の典型としなければならないほどのどのような異例の特権をもっているのか。われわれの身びいきな偏向は、事実あらゆる機会に思惟をもち出す。しかし健全な哲学は、これほど自然な錯覚に対して注意深く警戒しなければならない。」

「一部の作用が」とフィロは続けた、「全体の起源に関してなんらかの正しい結論をわれわれに提供することができると認めるどころか、僕は一部分が他の部分にとって、もし後者が前者から非常に遠いとすれば基準をなすとは認めないのだ。他の諸衛星の住民たちが思惟、知性、理性ないしはその他人間におけるこれらの諸能力に類似した何かを所有していると結論するに足る、なんらかの理論的根拠が存在するであろうか。自然がこの小さな地球上においてさえ、彼女の作用のやり方をこれほど極端に多様化しているのに、われわれは自然がこんなにも巨大な宇宙の至るところで不断に二番煎じをくり返していると想像できようか。それにわれわれが十分想像できることだが、もし思惟がこれほど狭い一隅にもっぱら限られており、またそこにおいてさえこれほど制限された活動領域しか持たないとすれば、どのような妥当性をもってわれわれは思惟を一切の事物の起源的原因にあてがうことができようか。わが家の家庭経済を王国の統治の規準とする一農民の狭い見解でも、これにくらべれば許されてよい一詭弁だろう。

しかし、人間の思惟や理性に類似している思惟や理性が全宇宙のいたるところに発見されるはずのものだということを、仮にわれわれが十分に確信できたとしても、また思惟の働きが、この地球において現われている以上に他の場所においては遥かに大きく、遥かに支配的であったとしても、かつなお僕は構成され、配列され、適合されている一世界の諸作用が、まだ胎児状態にあり、その構成と配列に向かって進みつつある一世界に、なぜ的確におし及ぼされうるのか分らないのだ。観察によってわれわれは完成された動物の組織、行動、栄養状態についての若干を知るのだが、しかしわれわれは、この観察を母胎内における胎児の生長に、ましてや男親の腹中の小動物の形成に大いに注意を払っておし及ぼさなければならない。自然は、われわれがわれわれの限られた経験から見ただけでも、無数の数の起源や原理をもっていて、それらは自然の位置や立場のどの変化に際しても絶えず出現するのだ。そして宇宙の形成の立場ほどの新たで未知な状況において、どのような新たで未知な諸原理が一体自然を活動させるのか、われわれには最大の軽率さなしにはあえて決定できないのだ。

この偉大な体系の極めて小さな一部分が、極めて短い時間のあいだだけ、極めて不完全にわれわれに示されるのだ。しかも、それなのに、われわれは全体の起源に関して決定的に発言するというのであろうか。

すばらしい結論ではないか。石、木材、瓦、鉄、青銅は、現在この地球という微細な天体で人間の技術や考案をぬきにした序列ないし配列を持たない。それ故に、宇宙は人間の技術に類似する何ものかがなければ、宇宙独自の序列と配列に根源的には到達できなかったであろう。しかし、自然の一部がそれから非常に遠く離れた他の一部にとっての規準であろうか。それは全体にとっての規準であろうか。極めて小さな一部分が宇宙にとっての規準であろうか。一つの立場における自然が、それとは大きく異なった他の立場における自然にとって確実な規準であろうか。

そこでクレアンテス、僕が今、シモニデス（4）の思慮深い慎重さをまねたとしても、君は僕を非難できまい。この人は人も知る物語によれば、ヒエロから神とは何かと尋ねられたとき、それを考えるために一日を要求し、その後さらに二日を要求した。そしてこのようなやり方で絶えず期限をひき延ばして、遂に自分の定義ないし記述を示すことがなかった。僕が最初に僕には分らないと答えたとしても、それからこの主題が僕の能力の及ぶ範囲を遥かに越えていることを感じたとしても、君は僕を一体非難できるというのだろうか。君は君の気の済むだけ懐疑主義者とか嘲笑者とか叫びたてるのがよかろう。しかし、これより遥かに身近なたくさんの他の主題の中に、人間理性の不完全性やまた矛盾さえをも見出したので、僕はわれわれの観察の領域からこんなにも遠い、こんなにも崇高な主題の中に、理性のよわよわしい推測からなんらの成果を決して期待すべきではないのだ。二種類の対象がおたがいに結合して常に観察されてきた場合、僕は他方の存在を見れば何時でも一方の存在を習慣によって推論できる。そしてこれを僕は経験からの論証と呼ぶ。しかし、対象が現在の例のように単一で、個別的で、相似的ないし種的類似を欠いている場合、どのようにしてこの論証が成り立ちうるのかは説明に困難であろう。それなのに序列をもった宇宙は人間の思惟や技術に類するある思惟や技術から生じているはずである、なぜなら、われわれはその経験を持っているからなどということを真剣な面持ちで、誰が僕に言おうとするのか。このような論考を確証するためには、われわれが諸世界の起源について経験をもつことが必要とされたことだろう。そして人間の技術や考案から船舶や都市が生じるのを見た……というようなことだけでは、確かに十分ではないのだ。」

フィロは、このような激しい調子で、私の目に映ったところでは、いわば半ば冗談と半ばまじめの口調で話を続けてきたが、クレアンテスに苛立ちのしるしがあらわれたのに気づくや、直ちに言葉をとぎった。「僕が注意しておきたかったことは」とクレアンテスは言った、「哲学的論考をくつがえすために、君に言葉を濫用してもらいたくない、つまり世間的な表現を用いないでもらいたいということだけなのだ。君もご承知のように、俗衆は問題が経験的事実や存在だけにかかわる場合でさえも、しばしば理性を経験から区別するものだ、この理性というものが適切に分析される場合、それは一種の経験にほかならないことが見出されるにもかかわらずに。宇宙の精神からの起源を経験によって証明することは、地球の運動をこの同じ原理から証明することに少しも劣らず、日常の言いまわしに反しているわけではない。しかも、揚げ足とりをしたがる奴は、コペルニクスの体系に対してさえ、君が僕の論考に反対して持ち出したようなあらゆる同類の反対論を唱えかねないのだ。そんな奴はこんなことを言いかねないのだ、君は他の地球をもっていて、それの動くのを見たことがあるのか、また……」

「そうだとも」と、言葉をさえぎってフィロが叫んだ、「われわれはその他の地球を持っているのだよ。月は他の一つの地球であって、それがその中心の周囲を回るのが、われわれに見えるではないのか。金星は他の地球であって、そこにわれわれは同一の現象を目にとめるではないか。太陽の回転もまた同じ理論の類比からの確証ではないだろうか。すべての遊星は太陽の周りを回転する地球たちではないのか。木星や土星の周りを動いている衛星、さらにまたこれらの一級の遊星もろとも太陽の周りを動いている衛星は、月たちではあるまいか。これらの類比や類似は、その他僕がふれなかった類比や類似もろともコペルニクス体系の唯一の証明だ。そこで君としてしなければならないのは、君が君の理論を支持するために同じ種類のなんらかの類比を持っているのかどうかを考察することだ。」

「事実、クレアンテス君」と彼は続けた、「天文学の現在の体系は、今ではあらゆる研究者によって十分に受け入れられており、われわれのもっとも初級の教育にとってさえ、大切な基本的部分となっているので、われわれは、この体系の基礎をなしている理論の検討について一般的には非常に細心ではない。偏見の全勢力と対決しなければならなかったり、自分たちの論証を世間にひろめ説得力を持たすために、それらをあらゆる面に展開させざるを得なかったこの主題に関する最初の著作家たちを研究することは、今では単なる好事家の仕事になってしまっている。しかし、ガリレオ(5)の世界の体系に関する有名な対話をよく読んでみると、われわれはこの偉大な天才、かつて生存したもっとも崇高な人物の一人が、まず彼の全力を傾注して基本的実体および天体的実体の間に、一般に行なわれていた区別にはなんの根拠もないということを証明しようとしたことを見出すであろう。スコラ学派はこのような感覚の錯覚から出発して、この区別を極めて遠くまでおし進めていたのだ。そして後者の実体、つまり天体的実体を発生せず、破滅せず、変化せず、感覚を欠いているものとして確定してしまっていた。そしてこれと反対のあらゆる性質を、前者つまり基本的実体に帰せしめていた。しかしガリレオは月から始めて、月のあらゆる細目における地球への類似性を証明した。その細目とは、たとえば月の凸面状の形態、光線に照らされない場合の月の本性的な暗黒状態、月の密度、月の固体と液体への区別、月の像の諸様相、地球と月の相互的な照度、両者の相互的な蝕、月の表面の不均等、等々だ。すべての遊星に関してこの種の多くの実例の後、人々はこれらの天体が経験の適切な対象になったことをはっきりと知った。またそれら天体の本性の類似が、同一の論考と現象を一方から他方へとおし及ぼすことを、われわれに可能と化したことを明らかに看て取ったのだ。

天文学者たちのこのような細心な操作の中に、君は君自身の断罪を読みとることができるはずだ、クレアンテス君。というよりもむしろ君がまき込まれている主題は、あらゆる人間的理性や探求を越えていることが君に見えるはずなのだ。家屋の構造と宇宙の発生の間に何かそのような類似性を君は示すことができるとでも思っているのか。君は諸要素の最初の配列に類似しているような状態にある自然をこれまで見たことがあるのか。君の目の前で、かつて世界が形成されたことがあるのか。また君は序列の最初の出現からその最終的完結に至るまで、現象の全過程を観察するゆとりをこれまで持ったことがあるのか。もし持ったというならば、君の経験を列挙して君の理論を伝えたまえ。」

第三部

「いやはや、どれほど馬鹿げた論証でも」とクレアンテスが答えた、「独創と発明の人間の手にかかると、ほんとうらしい外観を帯びることができるものなんだね。コペルニクスや彼の最初の弟子たちにとって地球上の物質と天空の物質との類似性を証明することが必要となったのは、多くの哲学者たちが古い体系に盲目化され、その上またいくつかの感覚的な外観に支えられて、そのような類似性を否定していたればこそだということに、フィロ、君は気づいていないのか。しかし、有神論者が自然の諸作品の技芸の所産への類似性を証明するなどということは、この類似性が自明であり否定することが不可能であればこそ全く必要がないということに、君は気づかないのか。同一の物質、一つの類似した形態、この二つのほかにそれらの原因間の類比を示し、あらゆる事物の起源を神の目的と意図から確証するために、何が必要であろうか。僕は率直に君に言っておかなければならないと思うが、君の反対論は例の運動を否定した哲学者たちの難解至極な揚げ足とり以上のものではないよ。だから同じようなやり方で、つまりまじめな論証や哲学によってというよりもむしろ例証、事例および実例によって否認されてしかるべきなのだ。

そこで一つの音節をもった声が雲の中から聞こえ、それが人間の技術がかつて達し得るどんな声よりも遥かに大きく、かつ遥かに旋律が美しいと想定したまえ。この声が同じ瞬間にありとある国民にまでひろげられて行き、そして各国民にその国民の独自の言語や方言で話しかけたと想定したまえ。こうして伝えられた言葉が正しい語義や意味を含むばかりでなく、人類の上に立つ仁愛ゆたかな存在に、完全にふさわしいなんらかの教訓を伝えると想定したまえ。この声の原因に関して、君は一瞬たりとも躊躇することがそもそもあり得ただろうか。むしろ君は、即座にそれをある意図ないし目的に帰せずにはいないのではあるまいか。それなのに、有神論の体系に障害をなしているあらゆる同じ反対論が（それらがこの名称に価いするとすれば）、今述べた推論に対してもまたもち出され得ないとは僕には思えないのだ。

君はこんなことを言いたいのではあるまいか。つまり事実に関するあらゆる結論は経験に基礎を置いているのだとか、われわれが闇夜の中で音節のある声を耳にし、そこから一人の人間を推測するとき、結果の類似こそ原因に同じような類似が存しているとわれわれに結論させるものなのだとか。ところが、この異常な声は、その大きさ、広がり、あらゆる言語に対しての柔軟性によっていかなる人間の声にもほとんど類比を示していないのだから、われわれは、それらの原因の中になんらかの類比を想定する理由をもたないとか。そこで、したがって合理的で賢明で筋の通った一つの言語がわけの分らないところから、つまり風のある偶然なうなりから由来したのであり、神の理性ないし知性から発したのではないとか。このような揚げ足とりの中に君自身の反対論がはっきり君の目にとまるだろう。そしてまた僕は、それらが一方の事例において他方の事例における以上の威力をそもそも持ち得ないということを、君にはっきり見てもらいたい。

しかし、事例を宇宙に関する当面の例にさらに近づけるために、なんらの不条理ないし不可能性を含んでいない二つの仮定を立てよう。人類のすべての個人に共通な一つの自然で普遍的で変化しない言語が存在するものと想定したまえ。また書物が自然の所産であり、それらが動植物と同じやり方で血統と繁殖により永続して行くものと想定したまえ。われわれの情念のいくつかの表現は一種の普遍言語を含んでいる。あらゆる野獣は一種の自然言語をもち、この言語はいかに制限されているにせよ、彼ら自身の種族には非常によく分るのだ。そして雄弁のこの上もなく繊細な成果の中にさえ、どれほど粗雑な有機体に比しても、無限にわずかな諸部分と無限にとぼしい工夫しか存しないのであるから、『イリアス』[1]とか『アェネェイス』[2]の繁殖〔という仮定〕の方がどんな植物ないし動物の繁殖よりも分りやすい一想定なのだ[3]。

そこでもっとも繊細な理性と、もっとも絶妙な美を含んでいる自然の書籍によって、このように居住されている君の書斎に君が入って行くと想定したまえ。君は一体その一冊を開いて、しかもなおかつその書物の起源的原因が精神や知性にもっとも強力な類比を帯びていることを疑うことができるだろうか。

その書物が論考し、論議するとき、それが勧告し、討議し、そしてそれ自身の見解や話題をおしつけるとき、それがあるときには純粋な知性に、あるときには情愛に訴えるとき、それが主題にかなったあらゆる考察を蒐集し、配列し、飾りたてるとき、君はこのことすべてが、期するところ、現実にはなんの意味も持たず、この書籍の起源的な父親の腹中における最初の形成が思惟や意図から由来しているのではないと、あくまでも主張し続けることが一体できるだろうか。君の執拗さも、僕の知るかぎりそれほどまでの頑迷さには達していないだろう。君の懐疑主義的たわむれや気ままさえも、これほど際立った不条理には恥じ入ることだろう。

しかし、フィロ君、今想定した例と宇宙の現実の事例の間に何か相違があるとすれば、それはすべて後の方の事例にとって有利に働くのだ。一動物の解剖の方が、リヴィウスとかタキトゥスの熟読よりも多くの遙かに強力な意図の例を提供するのだ。そして世界の最初の形成というようなあれほど稀で異常な光景にまで僕を連れ戻したりしながら、最初の事例に関して君がどんな反対論を持ち出そうとも、同じ反対論がわが植物的発育図書館の仮定の場合にも生ずるのだ。だからフィロ君、曖昧や言い逃れはやめて君の態度を決したまえ。理性をもった書物が理性的原因の証明ではないと主張するか、さもなければ類似的原因を自然のあらゆる作品に容認したまえ。」

「ここでさらに指摘しておきたいのだが」と、クレアンテスはなお言葉を続けた、「この宗教的論争は、君があれほど愛好している例の懐疑主義によって弱められるかわりに、むしろ懐疑主義から力を獲得し、さらに堅固で討論の余地のないものになって行くのだ。あらゆる種類の一切の論証ないし論考を排除することは、衒学か狂気だ。すべての合理的な懐疑主義者が公言している職務は、難渋、迂遠かつ手のこんだ論証を排撃し、常識と自然の平明な本能を離れないことだけだ。そしてなんらかの論拠が、彼に力いっぱい衝撃を与えたため、最大の暴力なしにはその力を阻止できないような場合には何時でも同意することなのだ。さて自然宗教の論証は、明らかにこのような種類だ。だからもっとも片意地で頑迷な形而上学しか、これらの論証を排撃できない。目を考察し、解剖してみたまえ。その構造と工夫を検査したまえ。そして君自身の感じたところから考案者の観念が、感覚の力に類似する一種の迫力で直ちに君の上にわきあがってこないかどうか、僕に言ってみたまえ。もっとも明瞭な結論は、確かに意図に荷担している。しかも不信心を支持する可能性のある難渋とはいえ、軽佻な反対論を裁きの庭に召喚するには、時間と熟慮と研究が要求されるのだ。それぞれの種族の雄と雌、彼らの諸部分や本能の対応、彼らの諸情念や、発生以前および以後の全生活過程を見る人は誰でも、種族の繁殖が自然によって意図されていることを感ぜずにはいないのではないか。このような何百何千万の実例は、宇宙のあらゆる部分を通じて出現するのだ。そしてどんな言語も目的原因の不可思議な適合以上に分りやすい、反対できない意味を伝えることはできない。それ故、盲目的独断論のどの程度まで達したならば、人はこれほど自然でこれほど説得力のある論証を排撃せずにはいられなくなるのだろうか。

著作物の中のある種の美にわれわれはたまたま出くわすことがあるのだが、それらは規準に反しているように見えて、しかも批評のあらゆる範例や既成の文芸大家たちの権威に対立して、感動を獲得し、また空想力を喚起する。そこでもし有神論の論証が君の主張するごとく論理の諸原理に矛盾しているとしても、その普遍的で、かつその反対できない影響は明らかにそこに似たような不規則な性質の論証が存していることを証明している。どのような揚げ足とりが持ち出されたにせよ、秩序を持った世界は、筋の通った、音節を備えた言語と同じように、意図と目的の異論の余地のない一証明として、なお受け取られることだろう。

宗教的論証がそれ独自の当然の影響を無知な未開人や野蛮人に及ぼさないということも、確かに時として生ずる。もっともその理由は、そのような論証が曖昧で難しいからではなく、そのような論議について未開人は、自分から決して問題をとりあげようとしないからなのだ。ある動物の不可思議な構造はどこから生じているのか。その動物の双親の交合からだ。それでは、この双親はどこから生じたのか。いい、彼らの双親からではないか。若干の転移が対象を非常な遠いところに置くので、未開人にとっては、それらは闇と混乱の中に姿を消してしまう。それにまた彼らは、このような対象をそれ以上たどって行こうというなんらかの好奇心によって動かされることもない。しかし、これは独断論でも懐疑主義でもなくて愚鈍なのだ。つまりね、独創力豊かなわが友よ、君の綿密で探求的な気質とは、非常に異なった一精神状態なのだよ。君は結果から原因をたどることができる。君はどんな遠く離れた対象でも比較することができる。そこで君の最大の誤謬は、思惟や発明の不毛さからではなく、ありあまる豊饒さから発生するのだ。つまり、この豊かさが多量の不必要な疑念や反駁によって君の生来の良識を圧迫するからだ。」

ここでヘルミッポス君、私はフィロが多少とまどい、困惑しているのを見ることができた。しかし彼が返答するのをためらっている間に、彼にとって幸いにも、デメアが話に割りこんで、彼の失いかけた落ち着きを救った。

「書物や言語からとり出した君の例は、クレアンテス君」と彼は言った、「身近なものだけになるほど確かにこの問題に関してそれだけ一層の威力をもっているよ。しかし正にこの事情の中にこそ、またある危険がひそんでいないだろうか。そしてそれは、われわれに神を理解しそして神の本性と属性についてある適切な観念をもっていると想像させることによって、われわれを僭越にならせる恐れがあるのではないだろうか。僕が一巻の書籍を読むとき、僕は著者の精神と意図に入っていく。つまり、僕は、いわば一時彼になるわけだ。そして彼がこの書物の執筆にたずさわっている間じゅうに、彼の空想力の中で展開した諸観念の一種の直接的な感情や着想を僕自身も持つわけだ。ところが、これほど身近な接近をわれわれは確かに神に向かっては決して行ない得ないのだ。神のやり方はわれわれのやり方ではない。神の諸属性は完全だが、しかし理解不可能である。そこでこの自然という一巻の書物は、どのような理解可能な論議ないし論考にもまして一つの偉大で解明できない謎を含んでいるのだ。

古代のプラトン主義者たちは、ご存知のごとくあらゆる異教の哲学者たちの中でもっとも宗教的で信心深かった。しかも彼らの多く、中でもプロティノス(4)は、はっきりと宣言している。つまり知性ないし悟性は神に帰属させられるべきものではなく、また神へのわれわれのもっとも完全な崇拝は、尊崇、尊敬、感謝ないし愛の行為に存しているのではなく、一種の神秘的な自己根絶、つまり一切のわれわれの能力の完全な消滅に存しているというのだ。このような観念はおそらくあまりにも行き過ぎだろう。しかしなお認められなければならないことだが、神をあれほど理解可能で分りやすく、またあれほど人間精神に類似したものとして示すことにより、われわれはもっとも雑駁なもっとも偏狭な偏向の罪を犯しているのであり、われわれ自身を全宇宙の典型としていることになるのだ。

人間精神のあらゆる情操、つまり感謝、遺恨、愛、友情、是認、非難、憐憫、競争、羨望は、人の身分や地位に明白な関連をもち、このような存在物の、このような状況下における存在を維持し、かつまた活動を促進するように計られているのだ。それだから、このような情操を至高存在におし及ぼしたり、あるいは至高存在がそれらによって動かされると想定するのは理屈に合わないように思われる。またその他宇宙の諸現象も、そのような理論に関してわれわれを支持しはしないであろう。われわれの一切の観念は、感覚から由来しているので混乱状態で虚偽であり錯覚的なのだ。だからそれらが至高な知性の中に位置を占めているとは想定できないのだ。また内的情操の諸観念は、外的感覚の諸観念に付加されて、人間悟性の全装備を構成するのであるから、われわれは思惟の素材のどれ一つとして、人間の知性と神の知性の中でどの点においても類似的ではないと結論してよいであろう。ところで思惟のやり方について言えば、どうしてわれわれはこの二つの知性の間に比較を行ない、それらが、ともあれ類似しているると想定することができようか。われわれの思惟は動揺つねなく、不確実で、移ろいやすく、継続的で、また合成されている。だからもしわれわれがこのような事情を除去すべきだとしたならば、われわれは絶対的に思惟の本質を根絶してしまう。そしてそのような場合、それに対して思惟とか理性とかの名称を適用することは用語の濫用ということになるだろう。少なくともわれわれが至高存在に言及するとき、これらの用語をなお保留しておくことの方が、より敬虔で敬意にあふれていると見えるとすれば（また事実そのとおりであるのだが）、われわれはそれらの用語の意味がその場合、全く理解不可能であることを告白せざるを得ない。またわれわれの本性の虚弱さが許さないため、神の諸属性の言葉に言い表わし得ない崇高さに、ほんのわずかにもせよ対応するようなどんな観念にもわれわれは到達できないことを認めなければならないのだ。」

第四部

「デメア、君は」とクレアンテスは言った、「君は宗教を弁護してあれほど真剣なのに、依然として神の神秘的で理解不可能な本性を主張したり、また神が人間という被創造物にまるっきり似たところも類似したところも持っていないとあんなに執拗に力説したりするのは、僕には奇妙に思えるのだよ。僕にも容易に認めうることだが、神はたくさんの力と属性を持っており、それらに関してわれわれはなんらの理解も持てないのだ。しかし、もしわれわれの諸観念がその及ぶ範囲内では正しく適切ではなく、神の真の本性に対応していないとすれば、この主題に関して主張するに価いする何ものもありはしないよ。なんの意味もない名称がそれほど大きな重要性をもつだろうか。一体、神の絶対的不可知性を主張する君のような神秘主義者が、一切の第一原因は未知で不可知だと言い張る懐疑主義者や無神論者とどう違っているというのだね。精神による、というのは人間の精神に類似している精神の意味だが（他の精神など僕は知らないのだからね）、くり返すが、精神による生産を排除した後に、もし彼らが何か他の特別な知的原因を確信をもってふり当てようと主張するならば、彼らの無謀さは非常に大きいというほかはない。また、もし彼らが普遍的な未知の原因を神ないしは神性と呼ぶことを断わったり、君が好き勝手に彼らから要求する多くの崇高な賛辞や意味もない形容詞を神に付与することを彼らが拒否するならば、彼らの良心はなるほど非常に小心翼々としているにちがいない。」

「クレアンテスが、あの冷静で哲学的なクレアンテスが」とデメアは答えた、「彼の敵対者たちにあだ名をつけることによって論駁しようと試みたり、現代のありきたりの凝りかたまった信心家や詮索好きの狂信家同様に、論考のかわりにののしり、告発に助けを求めたりしようとは、誰が想像できたことであろうか。それとも、このような話題が容易に反論できるということや、また神人同形同性論者という言葉が、同君からありがたくもわれわれが頂戴した神秘主義者という形容詞同様にこしゃくにさわる呼称であり、また同様に危険な帰結を含んでいることに同君は気づかないのであろうか。事実、クレアンテス、君が神を人間の精神や知性に類似しているものとして呈示するとき、君が主張していることが一体なんなのか考慮してみたまえ。人間の魂とは何か。さまざまな能力、情念、情操、観念の一合成物だ。それは確かに一つの自我ないし人格に統一されてはいるが、しかもなお相互に異なっているのだ。魂が論考する場合、諸観念は魂の論議の諸部分であるから、みずから配列されてある種の形式ないし序列をなすのだ。この序列は一瞬間も完全なままで維持されず、ただちに他の配列へと席をゆずるのだ。新しい見解、新しい情念、新しい情愛、新しい感情が生じ、これらは絶えることなく心中の情景を多様化し、そこに想像できるかぎりの最大の多様性と最大速度の継続をうみ出すのだ。この事実はあらゆる真の有神論者が、神に帰属させているあの完全不易性および純一性とどうして相容れるであろうか。彼らの言うことによれば、同じ一つの働きによって神は過去、現在、未来を見るという。神の愛と神の憎しみ、神の恵みと神の正義は単一の個別的作用だという。神は空間のあらゆる点において完全であり、また持続のあらゆる瞬間において完結している。継続も、変化も、獲得も、減少もない。神の存在することそれ自体は、そのなかに毫末の区別も多様性も含まない。そして神が現在この瞬間にあるその姿は、いかなる新しい判断、情操ないし作用もなしに、かつてあった姿であり、また今後あるであろう姿である。神は一つの純一で完全な状態に固定されて位置している。また神の働きのあるものが他の一つと異なっているとか、この判断ないし観念が後になって形成されたものであるとか、また継続的になにか異なった判断ないし観念に席をゆずるであろうとかということを、君は的確さをもってはけっして言い得ないであろう。」

「至高存在の完全な純一性を」とクレアンテスが言った、「君が今説明した程度まで主張する人たちは、申し分のない神秘主義者であり、僕が今彼らの意見から結論したあらゆる帰結の責めを負うべきだということは、僕も容易に認めることができる。彼らは、要するに自分では気づいていないが、無神論者なのだ。というわけは、神がわれわれの理解できない諸属性を持つということは認められるにせよ、われわれはなおかつ神にとって本質的なあの知的本性と絶対的に相いれないようないかなる属性も神に帰属させては絶対にならないからだ。その働きと情操と観念が区別されていないで継続的な一つの精神、完全に純一で全く不易的である一者とは、思惟も、理性も、意志も、情操も、愛も、憎しみも持たない一つの精神だ。つまり一言で言えば、それは全く精神ではない。そんなものに精神という呼称を与えるのは用語の濫用だ。だからそのくらいなら、われわれは形状のない限られた延長とか、合成のない数を云云してもいいわけだよ。」

「一体、誰を」とフィロが言った、「君は今弾劾しているのか、よく考えてくれよ。君はこの主題をかつて取り扱った、あらゆる健全で正統な神学者のほとんどすべてに、無神論者という呼称を奉っている。そして君の見積によれば、遂には君自身だけが、世界における唯一人の健全な有神論者として残ることになるだろうよ。しかし、もし偶像崇拝教徒が、当然主張されていいことだと僕も思うように無神論者だとしても、それに加えてキリスト教神学者たちも同じく無神論者だとすれば、人類の普遍的同意から由来するあれほど有名な論証からどういう結果が生ずるだろうか。

しかし、名前や権威によって君がそれほど支配されないことを僕は知っているから、君が抱懐している例の神人同形同性論の不都合な点を今少しはっきりと君に示すように努めよう。そして建築家が完成しようとする家屋の設計図を、自分の頭の中で形成するのと同じやり方で、さまざまに配列された異なった諸観念から成り立っている神の精神の中で形成されるはずの世界の計画を想定するなんらの根拠もないことを証明しよう。

われわれがこの問題を理性によって判断するにせよ、あるいは経験によって判断するにせよ、今述べた想定によって得るところが何かを知るのは、なるほど確かに容易ではない。とはいえ、われわれは君が先ほど十分で決定的なものとしてすでに指摘した、この原因の原因を見出すために、さらに高くのぼっていかなければならないのだ。

もし理性が（ア・プリオリな探求から由来した抽象的理性をさすのだが）原因および結果に関するあらゆる問題に関していつでも啞ではないとすれば、少なくとも次のような宣告をあえて下すであろう。すなわち、精神的世界ないし観念の宇宙は、物質的世界ないし対象の世界が要求すると同じ程度に、原因を要求する。そしてその配列の点で類似的であるとすれば、類似的な原因を要求するにちがいない。というのも、異なった結論ないし推論を惹起するような何がこの主題に存するであろうか。抽象的な見地からすれば、これら二つの世界は完全に同様である。そしていかなる難点も、これら両者に共通でない唯一つの仮定につきまとったりしない。

さらにまた、われわれがやむなく経験に強要して、その領域を越えたところに存しているこのような主題に関してさえも、なんらかの宣告を下させようとするとき、経験はまたこの点に関して上述の二種類の世界の間になんら具体的な相違を認めることができず、むしろその両者が類似的な諸原理によって支配され、かつその原理の作用については等しく多様な諸原因に依存しているのを見出すのである。われわれはこの両者の小型の見本を持っている。われわれ自身の精神は、一方〔精神的世界〕に類似している。植物ないし動物の身体は他方〔物質界〕に類似している。だからこの二つの実例から経験に判断させたまえ。何ものも思惟ほどその原理に関して微妙であるとは思えない。そしてこれらの諸原因が、二人の人間において同じやり方では決して作用しないのと同じように、われわれは正確に同様に思惟する二人の人間を決して見出さないのだ。また事実、同一の人間も時間上、二つの異なった時期において正確に同様に思惟するものではないのだ。年齢や、その人の身体の気質や、気候や、食物や、仲間や、書物や、情念などの相違、このような細目ないしはその他のより微細な細目のそれぞれが、思惟の不可思議な機構を変化させ、それに非常に異なった運動や作用を伝えるのに十分なのだ。われわれが判断できるかぎりでは、植物および動物の身体はその運動に関して、より微妙ではないし、起源や原理のより大きな多様性ないしより不可思議な適合に依存してもいない。

こうなると、君が自然の創作者として想定するあの存在の原因に関して、つまり君の神人同形同性論の体系によれば、君が物質的世界をたどって到達した観念的世界に関してどのようにしてわれわれは満足できるのであろうか。われわれは、そのような観念的世界をたどって他の観念的世界ないしは新しい知的原理に到達したいという同一の論拠を持ちはしまいか。しかしもしわれわれが立ちどまり、それ以上先に進まないとすれば、なぜここまで進むのか。なぜ物質的世界で立ちどまらないのか。無限ニ進み続けることなくしてどうしてわれわれは満足できるのか。また要するに、そのような無限の前進の中にどんな満足が存するのか。インドの哲学者と彼の象の物語を思い出そうではないか。この話が目下の主題にとってほどぴったり当てはまったことはかつてない。仮に、物質的世界がそれに類似した一観念的世界にもとづくとすれば、この観念的世界は何か他の世界にもとづいていなければならない、というわけで、このように続いて終ることがない。だから現在の物質的世界を越えては決して目を向けないほうが、むしろいいのじゃあるまいか。物質的世界がそれ自身の序列の原理を自己自身の中に含んでいると想定することによって、われわれはその原理を神であると現実に主張しているのだ。そしてわれわれがあの神的存在に早く到達すればするほど、それだけ一層いいのだ。もし君が、この世界の体系を越えて一歩踏み出すと、君は詮索的な気質をかきたてるにすぎず、この気質を満足させることは、およそ不可能なのだ。

　至高存在の理性を構成するさまざまな諸観念が、おのずから、かつそれら自身の本性によって序列をなして落ち着くと述べることは、事実なんらの精密な意味なしに口をきくことだ。もしそれが意味をもつとすれば、物質的世界の諸部分がおのずから、かつそれら自身の本性によって序列をなして落ち着くと述べることが、なぜ筋が通らないのか知りたいものだ。後の見解が理解不可能であるのにどうして前の見解が理解可能であり得るのだね。

　われわれは、事実おのずから、かつなんらの知られた原因なしに序列をなして落ち着く諸観念の経験を持っている。しかし僕は確信しているが、われわれは同じことを行なう物質についてさらに大きな経験を持っている。たとえば、それは〔動物の〕発生や〔植物の〕生長のすべての実例においてだ。これらの場合、原因の正確な分析はあらゆる人間的理解を超越しているのだ。われわれはまた、なんらの序列を持たない思惟や物質の特殊な諸体系の経験をも持っている。前者の例としては狂気においてだ。後者については腐敗においてだ。こうなると、序列が一方にとって他方にとってより以上に本質的であるとわれわれはどうして思えようか。そして、もしそれが両者において一原因を要求するとしても、諸対象の宇宙から諸観念の一つの類似的宇宙に辿りつこうという君の体系によって、われわれは何を得るのか。第一歩は、それをわれわれが踏み出せば、われわれを永遠にひきずって行く。それ故、われわれの探求を現在の世界に限ってその先をながめないのが、われわれにとって賢明らしいよ。人間悟性の狭い領分を、これほどはるかに超越しているこのような思弁によって、およそいかなる満足も獲得され得ないのだ。

君も知っているように、クレアンテス、ある現象の原因が求められたとき、それらの能力ないし隠れた質に助けを求め、そしてたとえばパンはその栄養的能力によって滋養をもつとか、センナはその下剤能力によって通じをつけるというのが、逍遥学派にとって通例であった。しかしこのような遁辞が無知の偽装にすぎないことや、またこれらの哲学者たちがこれらの現象の原因を知っていないと、はっきり告白した懐疑論者ないし俗衆と同じことを、それほど発明の才はないにせよ現実には言ったことが発見されてしまった。これと同じく、どのような原因が至高存在の諸観念の中に序列をうみ出すのかと尋ねられたときに、それは一つの理性的能力であり、またそのようなものこそ神の本性であるということ以外のどんな理由が、君たち神人同形同性論者によって指摘されうるのであろうか。しかし君が強調するような、なんらかのその種の知的創造者に助けを求めることなしに世界の序列を説明するに際し、なぜ類似的な返答が等しく十分でないのかは決定に困難かも知れない。このようなものこそ、物質的諸対象の本性であり、またそれらはすべてが根源的に序列および釣り合いの一能力をもっているともっぱら言うだけのことである。これらはわれわれの無知を告白する、より学識のある手のこんだやり方にすぎない。また一方の仮説は他方の仮説に比して、俗衆的偏見へのそのより大きな適合という点以外には、なんらの現実の利点をもっていない。」

「君こそ、その種の論証を非常に強調してみせてくれたね」とクレアンテスが言った、「君はこれに答えることがいかに容易であるかに、気づいていないようだよ。日常生活においてさえ、もし僕がある出来事に一原因を指定するとするならば、フィロ君、僕がその原因の原因を指定できず、また直ちに開始されるかも知れないあらゆる新奇な質問に答えることができないことは、反対論であり得ようか。それにどんな哲学者がそれほど厳密な規則にそもそも服することができるというのか。哲学者たちは究極的諸原因を完全に未知であると告白しているのだし、また彼らが現象をたどって到達したどれほど洗練された諸原理でも、これらの現象そのものが俗衆にとって不可解であるように、なおかつ彼ら自身にとっても説明不可能であることを感得しているのだよ。自然の序列と配列、目的原因の不可思議な適合、あらゆる部分と器官の明白な用途と意図等、これら一切は世にも明晰な言語で知的な一原因ないし創作者の証をなしているのだ。天地がこの同じ証言に力を合わせているのだ。自然の全コーラスがその創造者を称えて、讃歌をうたい上げているのだ。君一人が、ないしはほとんど君一人がこの世界をあげてのハーモニをかき乱しているのだ。君は難渋な疑惑や揚げ足とりや反駁を持ち出す。原因の原因とは何かなどと君は僕に聞いたりする。そんなことは分るものか。僕の知ったことではない。それは僕にかかわりがないことだ。僕は一神を見出したのだ。そして、そこで僕は僕の探求を停止する。僕より利口かないしはもっと山気のある人間には、さらに先まで行かせたらよいだろう。」

「僕はそのどちらでもありたくないね」とフィロは答えた、「そして正にその理由からこそ、僕はおそらく決してそんなに先まで進んで行こうと試みたりはしなかったことだろうよ。ことに僕がこれ以上苦労するまでもなく、初めから僕を満足させてくれたはずの同じ返答もろとも、腰を下ろしてしまうことで、遂に納得しなければならないと感じるときには、そうなのだ。僕がなお原因について完全な無知な状態にとどまらざるを得ず、何ごとについても説明を与えることなど全然できないとしても、君が認めるごとく、直ちに全力で僕の身に再びふりかかってくるにちがいない難点を、一時おしのけておくことを決して得策とは評価しないだろうよ。自然学者は事実、特殊的諸結果をより一般的な原因によって、たとえこれらの一般的原因自体が、結局のところ完全に説明不可能のままにとどまったにせよ、極めて正当に説明する。しかし彼らも確かに一特殊的結果を一特殊的原因によって説明することを十分とは決して考えなかった、特殊的原因は、結果そのものと同様に説明され得ないものだったからなのだ。先行する意図なしに配列された一観念体系は、同じようなやり方でその秩序に到達する物質的体系と少しも変わらずに説明不可能なのだ。また前の想定の中以上に後の想定の中に、一層大きな難点が存しているわけでもないのだ。」

第五部

「しかし君の神人同形同性論の中の、さらにそれ以上の不都合を君に示してあげたいからなのだが」とフィロは続けた、「君の諸原理をどうか今一度新たに検討したまえ。同様な結果は同様な原因を証明する。これは経験にもとづく論証だ。そしてこれはさらに君の言葉によれば唯一の神学的論証だという。ところで、見られる結果が同様であればあるほど、そしてまた推測される原因が同様であればあるほど、その論証がそれだけ一層強力であることは確実だ。このどちらかの側におけるあらゆる逸脱は、蓋然性を減少し、経験〔実験〕をより決定的でないものと化すのだ。この原理に関して君は疑うことができないし、また君はこの原理の帰結を排撃してはならないのだ。

　自然の諸作品の巨大な偉大さや壮大さを証明している天文学におけるすべての新しい発見は、そのそれぞれが、有神論の真の体系によれば一神にとっての付加的な論証なのだ。ところが、それらは経験的有神論の君の仮説によれば、人間の技術や工夫の結果へのあらゆる類似からさらに遠くへと結果を移動させることによって、そのそれぞれが反対論となるのだ。なぜならば、もしルクレティウス[*1]が世界の古

い体系に従いつつも、なお次のように叫ぶことができたとすれば、

誰カ巨大ナル全体ヲ管理シ、誰カ力強キ手ヲ持ッテ
無限ヲ支配シ得ル手綱ヲ取リ得ンヤ
誰カ全天空ヲ一斉ニ回転サセ得ンヤ、マタ豊カナル土壌ヲ中空《えーてる》ノ火モテ満タシ得ンヤ
至ル場所、至ル時期ニ存シ得ンヤ

もし、トゥリッウス(*2)がこの論考を彼のエピクロス主義者の口にのせるほど自然なものだと評価したとすれば、トイウノモ、ドノヨウナ魂ノ目ニヨッテ君ノ〔先生ノ〕ぷらとんハ、神ガ宇宙ノ建造ニ当ッテモ、用イタト言ワレルアノヨウナ巨大ナ建造物ノ製作工程ヲ見ルコトガデキタノカ。ドノヨウナ技術ガ、ドノヨウナ道具ガ、ドノヨウナ釣竿類ガ、ドノヨウナ機械ガ、ドンナ下請人ガ、コレ程ノ大仕事ノタメニ存在シタノカ。マタドノヨウニシテ空、火、水、オヨビ土ノ四大〔四大要素〕ガ建造者ノ意志ニ服シ、働クコトガ可能ダッタノカ。もしこのような論証が、いいかね、古い時代に何らかの威力をもったとすれば、自然の領分が、これほど拡大され、またこれほど壮大な情景がわれわれに開かれているこの現代において、それはどれほど遥かに大きな威力をもたずにはいないことか。これほどにまで制限されていない原因についてのわれわれの観念を、人間の意図や発明の狭隘な所産に関するわれわれの経験から形

成するとは、さらに一層不合理だ。

顕微鏡での発見は小型の新宇宙を開拓するのであるから、君によればやはり反対論である。僕によればそれは論証だ。この種の探求をわれわれがさらに遠くおし進めても、われわれはなお万物の普遍的原因が、人類ないしは人間の経験や観察のいかなる対象からも大いに異なっていると推測するのをよぎなくされるのだ。」

「それでは君は解剖学、化学、植物学における発見について何を言うつもりだ。……それらは確かに反対論ではないよ」とクレアンテスは答えた、「それらは、単に技術と工夫の新しい諸実例を見せるにすぎない。それはなお無数な諸対象からわれわれの上に反射された精神の影像なのだ。」「人間の精神に類似するような、という言葉も精神につけくわえてくれ」とフィロは言った。「それ以外の精神など知るものか」とクレアンテスが言い返した。「そこで、類似していればいるほどそれだけ一層結構なわけだ」とフィロが言い張った。「確かにそうだ」とクレアンテスが言った。

「ところでクレアンテス君」と、フィロが活発で勝ち誇った様子で言った、「帰結に目をとめてくれ。第一にこの論考法によって、君は神の諸属性のどの一つの中にも無限へのあらゆる主張を放棄するのだ。というのは、原因は結果にもっぱら比例させられているはずだからであり、また結果は、それがわれわれの認識の範囲内にあるかぎり無限ではないからだ。君の仮定によれば、神の存在にそのような属性を帰するどんな権利をわれわれは持っているのか。君はなお、神を人間という被創造物へのあらゆる類似性から、あれほど遠ざけることによりわれわれがもっとも恣意的な仮説に落ちこみ、同時に神の存在のあらゆる証明を弱化すると主張することとだろうか。

第二に君は君の理論にもとづけば、神の有限な能力の中においてさえ、神に完全性を帰する理由をもたない。つまり神が神の仕事においてあらゆる誤謬、過失ないし撞着からまぬがれていると想定する理由を持たないのだ。自然の諸作品の中には、多くの説明不可能な難点が存しているが、それらはもしわれわれが完全な創作者はア・プリオリに証明されるものと認めれば容易に解決され、そして無限な諸関係をたどり得ない人間の狭隘な能力から単なる外見上の難点となるのだ。しかし君の論考法によれば、これらの難点は一切が現実的となる。そしておそらくは人間の技術と工夫への類似性の新たな実例として主張されることであろう。少なくとも君は認めなければなるまいが、この体系が何か偉大な欠陥を含んでいるかどうか、つまり、その他の可能的なそして現実的でさえある諸体系と比較された場合、なんらかの相当な賞賛に価いするかどうかを言うことは、われわれのかぎられた見解からしてわれわれには不可能なのだ。農夫は仮に『アェネェイス』を読んで聞かされたとしても、この詩を絶対的に欠陥をもたないものと宣言したり、あるいは人知の所産の中でこの詩にそれ相応の等級を付与することさえできないのではないか。なにしろ彼は、これまで他のいかなる作品も見たことがなかっただろうから。

しかし、この世界が仮にそれほど完全な所産だとしても、この作品のあらゆるすぐれた点が正しく製作者に帰せられることができるかどうかは、依然として不確実であるにちがいない。われわれが船を調べるとすれば、これほど複雑で有益で美しい機械を作りあげた大工の独創力について、なんという賞賛にあふれた観念を抱かずにはいられないことか。そしてわれわれは、その大工が愚鈍な職人であって他人を模倣したのであり、かつまた長い幾代もの歳月を通して積み重ねられた試練、過失、訂正、熟慮および討論の後に徐々に向上してきた一技術を模写したのだと知るとき、なんという驚嘆を感ぜずにはいないことか。この世界体系が考え出されるまでには、一つの永劫の時間を通じて多くの世界が下手くそで、へまにでっち上げられてきたことであろう。たくさんの無駄骨がはらわれ、たくさんの実を結ばぬ試みが行なわれてきたことであろう。そして緩慢な、しかし連続した向上が、無限の諸時代を通じて世界製造の技術の上にとげられてきたことだろう。このような主題に関しては、どこに真理が存しているのか誰が決定できようか。いやそれどころか、提起可能な多数の仮説や想定可能なさらに多数の仮説の真只中で、どこに蓋然性が存しているのかさえ誰が推測できるだろうか。」

「しかも君は」とフィロは言葉を続けた、「神の単一性を証明するために、君の仮説からみせかけにもせよどんな論証を持ち出せるのかね。家や船を建造したり、都市を建造したり、国家を形成するのには、多数の人間が協力するものだ。世界を考案し形成するのに、なぜ、かなりの神々が力を合わせてはならないのか。こうあってこそ人間のやることにいよいよますます類似しているというものだ。多数の間で仕事を分けあうことにより、われわれは各人の受け持ちをそれだけさらに制限でき、一神の中に想定されなければならない例の広大な力と知識にわずらわされずにすむわけだ。それにそのような力や知識は、君の意見によれば、一神の存在の証明を弱化することにしか役立ち得ないというではないか。また人間ほどに愚昧で、人間ほど欠陥だらけの被創造物でも、一つの計画を形成し成就するのにしばしば団結できるとすれば、われわれよりも段ちがいに完全であると想定できるあの神々ないし鬼神は、どれほど一層協力できるか知れないではないか。

必要もないのに原因を多様化することは、確かに真の哲学に反する。しかしこの原理は、目下の例には当てはまらない。一神が君の理論によって前もって証明されたとし、この神が宇宙の生産に必要なあらゆる属性を備えていたとすれば、その他いかなる神が存在すると想定することもなるほど（不条理ではないにもせよ）不必要であろう。しかしこれらすべての属性が一主体の中に結合されているのか、それとも、かなりの独立の諸存在の間に分散されているのかが、なお一つの問題として残されている間は、われわれは自然におけるどのような現象によってこの論争にあえて結着をつけることができるであろうか。秤皿にのせられたある物体をみる場合、われわれは反対側の秤皿にどれほど視野からかくされているにもせよ、先の物体に等しい目方の釣り合う重りがあることを確信できる。しかし、その重りがたくさんの別個の物体の一集合体であるのか、あるいは均一な一結合体であるのかはなお疑う余地が残されている。そしてもし、われわれがある単一の物体の中に結合されているのをかつて見たことのあるどんな物をも必要とされる重りがはるかに超過しているとすれば、前の想定がいよいよ一層蓋然的で自然となる。宇宙を生産するのに必要であるほどの広大な力と能力の一知的存在、つまり古代哲学の言葉で言えば、これほど驚異的な生物はあらゆる類比、さらには理解力さえも超越しているのだ。

しかし、さらに話を進めよう、クレアンテス君、人間は死ぬべき存在でその種族を産出によって更新している。そしてこのことは一切の生物に共通である。《雄と雌という二つの偉大な性が》とミルトンは言っている、《世界に生命を与える》。これほど普遍的でこれほど本質的なこの事情が、あの無数で制限されている神々からはどうして除外されなければならないのか。それならば、古代の神統記をわれわれの身に呼び戻して見たまえ。

それに、なぜ完全な神人同形同性論者になってはいけないのか。神ないし神々が身体をもち、また目、鼻、口、耳等々をもっと主張してはなぜいけないのか。エピクロス(3)は主張した、《人間の姿の中以外には、誰もかつて理性をみたものがない。だから神々は、人間の姿を持っているはず》だと。そしてこの論証はそれ相当にキケロによってあんなに嘲笑されているとはいえ、君によれば堅固で哲学的になるわけだ。

要するにクレアンテス君、君の仮説に従う人間は、宇宙が時には意図に類似する何かから発生したと主張ないし推測することがたぶんできるだろう。しかしこの立場を越えるとその人は唯一つの事情さえ確証できないのだ。そしてその後は、幻想と仮説の最大限の放縦によって自分の神学のあらゆる点を確定するにまかされるのだ。この世界はよりすぐれた標準で計れば、その人の知るかぎり大変欠陥が多く不完全だ、そしてそれは、ある幼少の神の最初の粗雑な試作品にすぎなかったのだ、だからこの神はその後自分のまずい腕前を恥じて、この世界を見捨ててしまったのだとか、それはある従属的な下級の神の作品にすぎないのだ、だからそれはその神の上級者たちの嘲笑の的なのだとか、それはある老衰した神の老年ともうろくの所産なのだ、だからこの神の死後、この神から受けた最初の衝動と活動力の余波でめくらめっぽうに走ってきたのだとかね。このような奇妙な想定を聞けば、デメア君、君が嫌悪のしるしを見せるのも無理はないよ。しかしこのような、さらにまた同じ種類の千にものぼる想定は、僕のではなくてクレアンテスの仮説なのだよ。神の属性が有限であると想定された瞬間から、これらすべてが生ずるのだ。だから僕としては、これほど野蛮で不確定な神学体系が、どの点においても、全く何ものにも、まさるなどとは思えないのだ。」

「そのような仮説を僕は絶対に否認するよ」とクレアンテスは叫んだ、「けれどもね、それらが僕を嫌悪の念で圧倒するわけではない。特に君の口から出まかせに出てきたようなあんな無責任なやり方でも ち出されたとなればね。むしろあべこべに、おかげで僕は面白い思いをしているよ。なにしろ、君が空想力を最大限まで甘やかしたにもかかわらず、宇宙における意図という仮説から決して逃れることができないで、またしてもそれに助けを求めざるを得ないのが見えたのだからね。この譲歩を僕は断固として固執するよ。そしてそれを僕は宗教の十分な基盤と見なすのだ。」

第六部

「なんといっても」とデメアが言った、「そんなぐらぐらした土台の上に建てることのできるのは、もろい建物にちがいないよ。一つの神が存在するのか、それとも多数なのか、われわれがわれわれの存在を負っている神ないし神々は、完全なのか不完全なのか、従属的なのか至高なのか、死んでいるのか生きているのか、についてわれわれが不確定な間はどんな信頼ないし信用をわれわれはそんな神々に託し得ようか。どんな尊崇ないし崇拝をそんな神々によせ得ようか。どんな尊敬ないし忠順をそれらにはらい得ようか。人生のあらゆる目的にとって宗教の理論が全く無益になってしまう。そして思弁的な帰結に関してさえ、宗教の不確定さが君の意見によるならば、宗教を完全に不安定で不満足なものに化さずにはいない。」

「宗教をさらに一層不満足なものと化すために」とフィロが言った、「僕の頭に今一つの仮説が浮かんだよ。この仮説は、クレアンテスによってあれほど強調された論考法から蓋然性の外観を得ないではいないのだけれどね。類似的な結果が、類似的な原因から生じるというこの原理を、彼はあらゆる宗教の基礎として想定する。ところが、これにおとらず確実でまた経験の同じ起源から由来している同じ種類のもう一つの原理があるのだ。それは、多くの知られた事情が類似的であるのが見られる場合、未知の事情もまた類似的であるのが発見されるであろうという原理だ。こういうわけだから、もしわれわれが人間の身体の四肢を見れば、われわれはわれわれから隠されていたにしても、人間の頭もまたその身体についているものと結論するのだ。こういうわけで、もしわれわれが壁の割れ目を通して太陽の小部分を見れば、われわれは仮に壁がとりはらわれたとすれば、太陽全体を見るであろうと結論する。要するに、この論考法は極めて明白で身近なものだから、その確かさに関してどんな疑惑もおよそ抱かれ得ないのだ。

さてわれわれが、宇宙をそれがわれわれの知識の範囲内であるかぎりにおいて探求すれば、宇宙は動物的ないし有機的身体に大きな類似を帯びており、また同じような生命ならびに運動原理によって働かされているように思える。宇宙の中における物質の絶えざる循環は、なんらの無秩序もうみ出さない。各部分における絶えざる消耗は不断に補給される。極めて密接な共感が全体系を通じて認められる。そして各部分ないし成員はそれ本来の任務を果たしながら、自分自身の維持と全体の維持の双方のために働いている。世界はそれ故に、僕の推測では一種の動物なのだ。そして神は、世界の魂であり、世界を働かせており、また世界によって働かされているのだ。

君には十分な学があるから、クレアンテス、この見解に少しも驚きはしないであろう。それは君も知る如く古代のほとんどあらゆる有神論者によって主張されていたし、また彼らの言説や論考の中でもっぱら幅をきかしているからね。というのも、時として、古代の哲学者たちもあたかも世界が神の製品だと考えたかの如く、目的原因から論考してはいるものの、やはり世界を神の身体とみなし、その身体の組織が世界を神に有用と化しているのだというのが、なんといっても彼らの愛好した考え方だと思われる。またこれは率直に認められなければならないことだが、宇宙は人間の技術や工夫の作品に似ているというよりも、むしろ人体に一層よく類似しているのであるから、もしわれわれのかぎられた類比が自然の全体にまで、およそ的確におし及ぼされ得るとしたならば、この推理は現代の理論にとってよりも古代の理論に、より正当に味方しているように思えるのだ。

また前者の理論の中には、その他たくさんの利点があり、そのおかげでこの理論が古代の有神論者たちに気にいったのだ。身体なき精神、つまり単なる精神的実体であって、彼らの感覚の領域にも理解の範囲にも入ってこず、彼らが全自然を通じてその唯一の実例を見たことがないもの、こういうものほど日常の経験に反しているものはないのだから、こういうものほど彼らのあらゆる考え方に反したものはなかったのだ。精神と身体は彼らも知っていた。彼らはその両者を感得したからだ。この両者の中における一つの序列、配列、組織ないし内的機構もまた同じやり方で彼らは等しく知っていた。そこでこの経験を宇宙に移しかえ、神の精神と身体が同時的であり、その両者がそれらに本性的に内属し、またそれらから不可分の序列と配列をもつと想定することが、合理的に見えざるを得なかった。

それ故ここに、クレアンテス、君によく考えてもらいたい、新しい種類の神人同形同性論があるのだ。またなんら重大な難点に陥りそうもない一つの理論があるわけだ。君はきっと、体系的偏見をはるかに超越しているだろうから、動物の身体が根源的に、おのずから、つまり未知の諸原因から序列と組織を備えていると想定することには、似たような序列が精神に属していると想定することと同様に、なんらの難点も見出さないことだろう。しかし、身体と精神が常に相互に連れだつべきであるという俗衆の偏見も、思うに完全に無視されてはならない。というのも、それは俗衆の経験にもとづいているからであり、これこそ君がこれらすべての神学的探求に際して従っていくと宣言している唯一の案内者なのだ。そして、もし君がわれわれの限られた経験は、自然の無制限な広大さについて判断するための手がかりとしては不公平な基準であると主張するならば、君は君自身の仮定を完全に放棄するのであり、今後は君が名づけていうわが神秘主義を採用し、神の本性の絶対的な理解不可能性を容認しなければなるまい。」

「そういう理論は、確かに」とクレアンテスが答えた、「これまで僕に浮かんだことはなかったよ、大変自然な理論ではあるけれどね。だから、これほどわずかな時間の検討や反省だけでは、それに関してなんらの見解をすぐ述べることもできないよ。」「君はえらく細心だね、全く」とフィロは言った、「僕が君の体系のどれかを検討しなければならないとしたならば、それに対する反対や論難を持ち出すのに君の半分の用心と遠慮をもってさえ行動しなかったことだろうよ。それはともあれ、もし君が何か思いついたら、言ってくれれば有難いのだがね。」

「一体なぜかね」とクレアンテスが答えた、「なるほど、世界は多くの状況下では、動物の身体に類似しているかも知れないが、この類比はまたもっとも具体的な多くの状況下では欠点をもつように僕には思えるのだよ。だって感覚器官もないし、思惟あるいは理性の席もないし、運動と行為の一つの正確な起源もないではないか。要するに、世界は動物というより植物の方に一層より強い類似を帯びているように思えるのだよ。そして君の推論はその限りにおいて世界の魂の肩をもつには非決定的だろうよ。

しかし、次に君の理論は世界の永遠性を含んでいるように思えるのだ。そしてそれは僕の考えではもっとも強力な理由と蓋然性によって否定され得る一原理だよ。それがために、僕は一論証を示唆しよう。僕の信ずるところ、この論証はかつていかなる著作家によっても主張されたことがないのだ。技芸と科学の後になっての起源から論考する人々は、彼らの推理が威力を欠かないとしても、人間社会の本性から由来する諸考察によっておそらく論駁される可能性を持つだろう。なにしろ人間社会は無知と知識、自由と奴隷状態、富と貧困の間の不断の変革の状態にあるわけだからね。それ故、どんな出来事が予測されるかされ得ないかを確信をもって予言することは、われわれの限られた経験からしてわれわれには不可能なのだ。古代の学問と歴史は、野蛮諸国民の氾濫の後、完全な消滅の大きな危険に瀕したようである。そこでこの激動が今少しながく続くか、今少し強烈だったとしたならば、われわれはおそらく数世紀以前に世界に起こったことを今知ることができなかったことだろう。それどころではない、古代の普遍教会の外観を維持するために、ラテン語の若干の迷語《ジャルゴン》を保存した教皇たちの迷信がなかったとしたならば、あの言葉は完全に失われてしまっていたにちがいない。その場合、西欧世界は完全に野蛮状態で、ギリシャの言語や学問を受容するのに適した状況下にはなかったことだろう。この言語や学問は、コンスタンチノープルの略奪の後、彼らに伝えられたからなのだ。学問や書物が絶滅されてしまったとすれば、職人的な技術さえ、非常に堕落してしまったことだろう。そこで容易に想像できることだが、寓話ないし伝説はそれらの技術に実際以上はるかに後期の起源を帰しやすいのだ。世界の永遠性に反対するこの俗衆の論証は、それ故、少しばかり当てにできないように思われる。

しかし、ここにもっとすぐれた論証の基礎が存しているようだ。ルックルス(1)は、アジアからヨーロッパに桜の木をもたらした最初の人間だった。この木はヨーロッパの風土で大変よく繁茂し、栽培しなくとも森林で育っているくらいなのだけれども。といって永劫にも比すべきながい全期間を通じて、ヨーロッパ人が一人としてアジアに行ったことがそれまでになく、またあれほどおいしい果物を自分の国に移植しようと考えたこともなかったということが可能だろうか。あるいはもし、この木がかつて移植され、普及されたとすれば、それがその後どうして消滅することがあり得たのか。帝国は興亡するかも知れない。自由と奴隷状態は相互に続き合うかも知れない。無知と知識はおたがいに席をゆずりあうこともあろう。しかし桜の木はギリシャ、スペイン、イタリーの森林にそのまま残ったであろうし、人間社会の変革によって決して影響されることはなかっただろうよ。

ぶどう樹がフランスに移植されて以来、まだ二千年にもならない。この樹にとってこれ以上好ましい風土は、世界にほかにはないのだけれど。馬、牛、羊、豚、犬、小麦がアメリカで知られて以来、三世紀もたっていない。全永劫の諸変革を通じて、かつてヨーロッパとこの大陸との間の交流を開拓するような一人のコロンブスも生じなかったということが可能であろうか。そのくらいならば、われわれはすべての人間が一万年間も靴下をはいていながら、しかもそれを止めるために靴下止めを思いつく知恵を決して持たなかった、と想像してもいいくらいなものだろう。これらすべての事柄は世界の青年時代、あるいはむしろ幼少期を示している説得力に富む証拠だと思われる。なぜならそれらは人間社会を統治し、指導している諸原理よりもさらに不変で堅固な諸原理の作用にもとづいているからだ。全四大の全面的な激動のほかは何ものも、現在西欧世界に見出されるはずのあらゆるヨーロッパの動物および植物をかつて破滅させることはないだろうよ。」

「では、そのような激動がないというどんな論証を君は持っているのかね」とフィロは答えた、「この地球のあらゆる部分が多くの年代の間、完全に水でおおわれ続けてきたという強力でほとんど反駁不可能な証拠が全世界にわたって跡づけられるのだ。そして序列は物質から不可分であり、また物質に内属的であると想定されたにせよ、やはり物質は永遠的持続の無際限な諸時期を通じて、多くの偉大な変革をこうむる可能性があるのだ。物質のすべての部分が受けずにはいない不断の諸変化は、なんらかのそのような一般的変動を暗示しているようだ。もっとも同時に、われわれがかつて経験したことのあるすべての変化や腐敗が序列の一状態から他の状態への移動にすぎず、また物質が完全な奇形や混乱状態にかつてとどまるのがおよそ不可能であるということも観察可能ではあるが。われわれは部分において見ることを全体において推測できるのだ。少なくとも、これこそ君が君の全理論をもとづけている論考法なのだ。そして、このような性質のなんらかの特殊な体系を僕が弁護しなければならなかったとすれば（こんなことを僕は決して喜んでしたくはないが）、僕は序列の永遠で内属的原理を世界に帰する理論を何よりも真実らしいと評価するのだ。たとえ、この世界が偉大で絶え間のない変革と変動に伴われるにしてもだ。この理論はたちまちあらゆる難点を解決するよ。そしてもし解決があまりに一般的だというので、全面的に完全で十分ではないとしても、それは少なくともわれわれが遅かれ早かれ、われわれが抱懐する体系がなんであれ、助けを求めなければならない理論なのだ。仮に思惟の中なり物質の中なりのどこかに、序列の根源的で内属的な原理が存していなかったとしたならば、諸事物はどうして今あるままの姿でかつてもあり得たことであろうか。それに思惟と物質のこの二つのどちらをわれわれが選択するかについて、この理論は、はなはだ無関心だ。懐疑論的であれ宗教的であれ、あらゆる仮説に際して、偶然は席をもたない。すべての事物は堅固で、破り得ない法則によってしっかりと統御されているのだ。そしてもし諸事物の最内奥の精髄がわれわれに開いて見せられたとしたならば、われわれはその時、現在われわれが思いも及ばない一情景を発見したことであろう。自然的諸存在の序列を賞賛するかわりに、われわれがそれらの事物にとって、それ以外の配列をうけ入れることが、ほんの一刹那といえども、絶対的に不可能だということを明瞭に見なければならない。

われわれが、ヘシオドス(2)から学ぶ如く、この地球は自然の未知の諸力から生じた三万の神々によって統治されていると主張する古代の異教神学を誰かが受け入れる気持を仮に抱いたならば、クレアンテス、君は当然反対してそんな仮説によっては何も得られない、また数はもっと多いが、より不完全な存在であるあらゆる人間という動物が同じような起源から直接に発生したと想定することも、同じく容易である、といったことであろう。この同じ推論をもう一歩おし進めて見たまえ、そうすれば君はわが身のうちに、全社会の諸力と諸完全性を所有している一つの普遍的な神同様に、多数の神の一社会が説明可能なのを見出すだろう。懐疑主義、多神教および有神論のこれらすべての諸体系を、君は君の原理にもとづいて、似たような土台の上に立っているものと認めなければなるまいし、またこれらのどの一つも他に比較してなんら有利な点をもっていないことを容認すべきだ。君は、ここから君の諸原理の虚偽性を学ぶことができるだろう。」

第七部

「しかし今」とフィロは続けた、「こうして世界の魂についての古代の体系を検討している間に、突然一つの新しい観念が僕を襲ったよ。これはもし正しいとすれば、君の一切の論考をくつがえしかねないし、君があれほどの信頼をよせている君の第一の推論さえも打破するにちがいない。もし宇宙が人間の技術の諸作品に対してよりも、動物の身体や植物に対して、より大きな類似を帯びているとすれば、一層ありそうに思えることは、宇宙の原因が後者の原因よりも前者の原因に類似していることであり、また宇宙の起源は理性ないし意図よりもむしろ産出ないし生長に帰されるべきだということだ。君の結論は、だから君自身の諸原理によってさえも足なえで弱味があるよ。」

「どうか、その論証をもっと打ち明けて話してくれたまえ」とデメアが言った、「なにしろ、君の話したようなあんな簡潔なやり方では、僕はそれを正しく理解できないのだよ。」

「わが友クレアンテスは」とフィロは答えた、「君も聞いた通り、いかなる事実問題も経験による以外には証明されえないのだから、神の存在もこれ以外の媒介からの証明をうけつけないと主張するのだ。

世界は、彼の言うところでは人間的考案の作品に類似しているのだ。それ故、世界の原因もまた他方の原因に類似している。ここでわれわれが目にとめることのできるのは、自然の極めて小さな一部分、つまり人間の他の極めて小さな部分、つまり人間の手の届く範囲内に横たわっている生命をもたない物質への作用こそ、クレアンテスが全体の起源を判断するに用いる規準だということだ。だから彼は、これほどはなはだしく不均衡な諸対象を、同一の個人的な標準で計っているのだ。しかし、この問題からひき出されるあらゆる反対論はひとまずおいて、僕が主張するのは、世界の構造にもっと大きな類似を帯びている宇宙の他の諸部分が（人間の発明した機械とは別に）、存在しているということだ。またそれ故、この諸部分が、この〔世界〕体系の普遍的起源に関してよりすぐれた推測を提供しているということだ。この諸部分とは動物と植物だ。世界は時計とか編織機に似ているというよりも、むしろ一匹の動物や一本の植物に明らかによりよく類似している。世界の原因は、それ故、一層ありそうなことなのだが、後者の原因に類似している。後者の原因とは産出ないし生長だ。世界の原因を、それ故、われわれは産出ないし生長に類似ないし類比している何かであると推論してよいであろう。」

「しかし世界が」とデメアが言った、「生長ないしは産出に類似する何かから発生できると、どうして考えられるのかね。」

「それは全く容易なことだよ」とフィロは答えた、「一本の木がその種を付近の野原にまきちらして、他の樹々を産み出すのと同じやり方で、この大きな植物、つまり世界ないしこの遊星体系は、わが身の内部にある種類の種を生み出し、この種がまわりの混沌《カオス》の中にふりまかれて、新しい諸世界へと生長するわけだ。たとえば彗星は一つの世界の種だ。そして太陽から太陽へ、星から星へと移動することにより、それは十分に成熟させられた後、遂には至るところでこの宇宙をとりかこんでいる未形成の諸要素の中に放りこまれ、ただちに発芽して一新体系〈世界〉となるのだ。

あるいは、もし目先を変えて言うために（というのもこの点以外に他の取り柄はないと知っているからだが）、われわれはこの世界を一匹の動物であると想定すべきだとすれば、彗星はこの動物の卵だ。そして駝鳥が砂の中に卵を産むと、砂が、それ以上の面倒をみるものもいないのに、その卵をかえして新たな一動物を産み出すのと同じやり方で、……。」「君の話は分ったよ」とデメアが言う、「それにしてもこれはなんという粗野で勝手ほうだいな想定だろう。そんな異常な結論のために、君はどんな資料を持っているのだ。また一植物ないし一動物へのこの世界のわずかな、空想的な類似は、この両者に関して同一の推論を確立するのに十分なのかね。この二つは一般にあれほど大きく異なっている対象なのだから、相互に規準となるべきはずのものだろうか。」

「そうだとも」とフィロが叫ぶ、「これこそ僕が今までずっと強調してきた話題だよ。さらにまた僕はわれわれが宇宙創造論のどんな体系を確立するための資料も持たないことを主張した。われわれの経験は、それ自体としてあれほど不完全であり、その範囲といい、その持続といい、あれほどかぎられているのだから、事物の総体に関していかなる蓋然的な推測をも、われわれに提供できないのだ。しかし、もしわれわれが何かしらの仮説をどうしても選定しなければならないとすれば、どんな規準によってわれわれの選択を決定すべきだと君は言うのかね。比較された諸対象のより大きな類似性のほかに何か規準があるだろうか。生長や産出から発生してくる植物ないし動物は、理性と意図から生ずるどのような人工的機械が見せている以上に、世界への一層強力な類似を帯びているのではあるまいか。」

「しかし、君の言う生長と産出とはなんだね」とデメアが言った、「君はその両者の作用を説明し、両者が依存している繊細な内的構造を解剖できるのかね。」

「少なくとも」とフィロは答えた、「クレアンテスが、理性の作用を説明できる程度、つまりそれが依存している内的構造を解剖できる程度にはね。しかし、何もそんな手のこんだ探索をするまでもなく、一匹の動物を見れば、僕はそれが産出から発生したと推測するよ。しかも、それは君が一軒の家を意図によって建てられたと結論するのと同じ程度の大きな確実さをもってなのだ。産出、理性というような言葉は、自然におけるある種の力と活力を指示するにすぎず、これらの力の諸結果は知られているが、それらの本質は不可解なのだ。だからこのような原理の一つが、他の一つ以上に自然の総体にとっての標準とされる特典をもつということはないのだ。

事実、デメア君、当然期待されてよいことだろうが、われわれが事物に関して抱く見解が大きければ大きいほど、それはわれわれをこれほど異常でこれほど壮大な主題に関するわれわれの結論について、われわれを一層よく導いてくれるだろうよ。世界のこの小さな片隅にだけにでも、理性、本能、産出、生長という四つの原理があり、それらは相互に類似しており、類似的な結果の原因なのだ。もしわれわれが遊星から遊星へ、体系から体系へとこの偉大な構造物のあらゆる部分を調査するために旅行できたとするならば、宇宙の巨大な広がりと多様性の中に、どれほど多数の他の諸原理をわれわれは当然のこととして想定できることとだろう。上述のこれら四原理（およびわれわれの推測にゆだねられている百もの他の諸原理）のどの一つも、世界の起源を判断する手がかりとしてわれわれに一理論を提供できるだろう。だから、われわれ自身の精神を作用させるあの原理に、われわれの見解を全く限ってしまうことは、一目瞭然のとてつもない不公平だ。仮にこの原理がそうした事情から一層知性的だったとすれば、そのような不公平も多少は許されてもよいかも知れない。しかし理性は、その内的組織と構造の点で、本能や生長同様に事実上われわれにほとんど知られていない。そしておそらくは、俗衆がすべての事物を準拠させる例の自然という漠然とした無限定な用語さえも、つまるところは〔理性という言葉以上に〕説明不可能ではないのだ。これらの諸原理の結果は、そのすべてがわれわれに経験から知られている。しかし原理そのもの、またそれらの作用のやり方は完全に未知なのだ。また世界が他の世界によって蒔かれた種から生長し、よって生じたと主張することが、クレアンテスが言っているような意味にそくして、世界が神の理性ないしは考案から生じたと主張することよりさらに不可解、つまり経験に不適合というわけではない。」

「しかし僕の考えでは」とデメアが言った、「世界が植物的性質をもち、新しい諸世界の種を無限の混沌の中に蒔きちらすことができたとすれば、この力はなお世界の創作者における意図への付加的一論証ということになろう。というのも、それほど不思議な能力は、一体、意図以外のどこから生じることができたというのかね。つまり自分が付与する序列を知覚できないあるものから、どうして序列が発生できるのだね。」

「この問題に関して満足するためには」とフィロは答えた、「君は、君のまわりを見まわせば十分だよ。一本の樹木は序列と組織を他の木に付与するが、この木はその序列を知ることなしに元の木から発生してくるのだ。一匹の動物は、これと同じようにその子孫に、一羽の鳥はそのひな鳥に序列と組織を付与する。そしてこの種の実例は、理性と考案から生ずる序列の例よりもこの世界でははるかに一層ひんぱんである。動物や植物にみられるこれら一切の序列が、究極的には意図から由来するということは、先決問題要求の虚偽を犯すことだ。それにまたそういう大きな論点は、序列がその本性からして思惟に不可分に付着していること、および序列が、おのずから、つまり根源的な未知の原理から物質に帰属することは決してないということの双方を、ア・プリオリに証明すること以外のやり方では確証されえないのだ。

しかし先に進もう、デメア、君が持ち出すこの反対論は、クレアンテスによっては決して利用され得えないものなのだ、彼が僕の反対論の一つに対してすでに行なった弁護論を放棄するなら、話は別だがね。彼によれば、あらゆる事物がその中に解消されてしまったとされる例の至高な理性と知性の原因に関して僕が探求したとき、彼は僕にそのような探求を満足させえないこと、そのものがどんな種類の哲学においてにもせよ、一反対論として決して認められてはならないと言ったのだった。《われわれはどこかで止まらなければならない》と彼は言うのだ、《また究極的諸原因を説明するとか、ある諸対象の最終的諸結合を示すことは、決して人間能力の範囲内ではありえない。われわれが進んでいくかぎり、もしそれぞれの一歩一歩が、経験と観察によって支えられるならば、それで十分なのだ。》さて、生長と産出が、理性同様に、自然における序列の原理として経験されるということは否定できない。もし僕が僕の宇宙創造論体系を後者〔理性〕よりもむしろ、前者〔生長や産出〕にもとづけるにしても、それは僕自身の選択によることだ。事態は全く放恣にみえるかも知れない。しかもクレアンテスが僕に、この僕の偉大な植物機能的あるいは産出的能力の原因は何かと尋ねる場合、僕は彼に彼の偉大な論考原理の原因を尋ねる同等の権利を持っているのだ。このような質問をわれわれはお互いの側で慎むよう協定したのだ。それに現在の場合、この際この協定を固執するのが主として彼の利益なのだ。われわれの限られた不完全な経験によって判断すれば、産出は理性よりもいくつかの特典をもっている。なぜならわれわれは毎日、後者が前者から生ずるのを見ているが、前者が後者から生じるのは、決して目に見られないからだ。

　両者の側の帰結をどうか君、比較したまえ。世界は、僕の言うところでは、動物に類似している、だからそれは動物なのだ、だからそれは産出から発生したのだ。足どりは確かに大きい。しかしそれぞれの足どりの中には類比のある小さな外観が存在している。世界はクレアンテスの言うところでは、機械に類している。それ故それは機械である。それ故それは意図から発生したのだ。足どりは、ここでも等しく大きい。しかも類比はそれほど強力ではない。そこでもし彼が僕の仮説をもう一歩遠くへおし進め、そして僕の強調する例の生産の偉大な原理から意図ないし理性を推測したいというのなら、僕もそれ以上の権威をもって、同じ自由を行使し彼の仮説をおし進め、彼の理性の原理から神の生産〔産出〕ないしは神統記を推測してもいいわけだ。僕は少なくとも経験の希薄な影をもっているが、これが現在の主題についておよそ獲得可能な最大限なのだ。理性は、無数の例において生産の諸原理から発生するのが観察されるが、それ以外のいかなる原理からも発生するのは、決して見られない。

ヘシオドスおよびすべての古代の神話学者は、このような類比に非常に強く打たれた結果、彼らは一般に自然の起源を動物の生誕および交合から説明した。プラトンもまた、その主張が理解できる範囲では、その『ティマイオス』[1]の中でそのような考えをとり上げているようだ。

バラモン僧の主張では、世界は一匹の無限の蜘蛛から発生したとされ、この蜘蛛がその体内からこの複雑な総体を紡ぎ出したが、その後その全体あるいは一部を再び飲みこみ、その身の実体へと溶解することにより絶滅するのだという。ここにあるのは、われわれにとって滑稽に思える一種の宇宙創造論だ。なぜなら蜘蛛は多少軽蔑に価いする動物であり、この動物の働きをわれわれは全宇宙の一典型とみなすことは、決してありそうもないからだ。しかしなお、ここにはわれわれの地球だけにかぎった場合でも、新しい種類の類比が存しているのだ。それにもし、蜘蛛によって全面的に住まわれている一衛星があったとしたなら（これは大いに可能なことだが）、この推論はクレアンテスによって説明されたような推論、つまりわれわれの遊星においてあらゆる事物の起源を意図と知性に帰する推論と同様に、自然で争う余地のないものとみえたことだろう。なぜ序列的な一体系が、頭脳からと同じように腹から紡ぎ出されることがあり得ないのかについて、クレアンテスにとっては十分な理由を示すことは困難だろうよ。」

「率直に言わざるを得ないのだが、フィロ」とクレアンテスが答えた、「この世のあらゆる人間の中で、疑問や反対論をひき起こすという君が今やったような仕事は君に一番かなっているし、いってみれば君にとって自然であり避け得ないことのように見えるよ。何分、君の発明の才の豊かさはあまりに大きいので、君が絶え間なく僕に切り出してくるあのような本筋はずれの難問をたちどころにきちんと解決することが、僕にはできないと白状しても恥ずかしいとは思わないよ。もっとも僕だってそういう難点の虚偽や誤謬を一般的にははっきり目にとめてはいるのだがね。そこで僕は君自身も現在同じ立場にいて、反対論なみに解答を、そうやすやすと手もとに用意していないだろうと思うが、それはまあいいことにしよう。なにしろ君だって常識と理性が全く君に反対していることや、君が持ち出したような奇想は、われわれを当惑させるかも知れないが、決して納得させ得ないことを感じているはずなのだからね。」

第八部

「君が僕の発明力の豊かさに帰していることは」とフィロが答えた、「この主題の性質に一から十まで拠っているのだよ。人間理性の狭い限界に適合した主題においては、通常ただ一つの限定〈想定〉しかなく、これが蓋然性ないし確信を伴うものなのだ。そして健全な判断をもつ人々にとっては、この一つ以外の他のすべての想定は、全く不条理で妄想的に見えるのだ。しかし今とりあげているような問題に際しては、何百という相矛盾する見地が、一種の不完全な類比を保持することがありうるのだ。そこで発明力がこの際、腕をふるう絶好の場をもつのだ。思惟の大きな努力をまつまでもなく、僕は宇宙創造論のその他の諸体系を直ちに提案できそうだし、それはおそらく真理の或る希薄な外観をもつだろうと思うよ。とはいえ、君の体系あるいは僕の体系のどれかのそのどちらが真の体系だとしても、それは千対一、百万対一のことだろうがね。

たとえば、もし僕があの古いエピクロスの仮説をよみがえらさなければならないとすれば、どうだね。この仮説は、かつて提案されたもっとも不条理な体系と、一般的に、また僕の信ずるところでは正当に評価されている。ではあるが、二、三の改定を加えてもそれが蓋然性の希薄な外観を帯びるに至らしめえないかどうか分ったものじゃないよ。エピクロスがやったように物質を無限と想定しないで、それを有限と想定してみよう。有限の数の分子は、有限の転移だけを受けつけるのだ。そこで永遠の持続の中で、あらゆる可能的な序列ないし位置が無限の回数にわたって試みられずにはいないということが生ずるはずだ。だからこの世界は、もっとも微細な出来事さえも含めて、その一切の出来事もろとも、これまで産出され破壊されてきたのだし、またなんらの制約や制限なしに再び産出され破壊されるだろう。有限に比較した場合の無限の力について理解をもつ人は、誰一人この限定〔仮定〕にためらいをおぼえたりはしないだろう。」

「しかしそれは」とデメアが言った、「物質がなんらの意志的発動者ないしは第一始動者なしに、運動を獲得できることを想定しているよ。」

「それでどこに」とフィロは答えた、「その想定の難点があるのかね。どの出来事も経験以前には等しく困難で不可解だ。またどの出来事も経験後は等しく容易で理解可能だ。運動は多くの場合、重力から、弾力から、電力からなんらの知られた意志的発動者なしに物質内で始まる。だからこのような場合に、一つの未知な意志的発動者をつねに想定することは、単なる仮説であり、しかもなんの利益も伴わない仮説だ。物質内における運動の開始そのものは、精神や知性からの運動の伝達同様にア・プリオリに理解可能なのだ。

さらにまた、どうして運動が全永遠を通じて衝撃によって伝播されてきたのであり、またその同一の蓄積ないしはそれにほとんど近いものが、今なお宇宙に保たれていると考えてはならないのかね。運動の合成により失われた分と同じだけの量が、運動の消散によって得られるのだ。そして原因がなんであるにせよ、物質が人間の経験ないし言い伝えがおよぶかぎりにおいては、絶えざる激動状態にあり、またこれまでつねにあったという事実は確実である。おそらく現在、全宇宙の中に絶対の停止状態にある物質の一分子も存在しないであろう。」

「また論証の過程において」とフィロは続けた、「われわれが行きあたったこの考察そのものが、絶対的に不条理で真実らしくないとはいえない宇宙創造論の新仮説を暗示している。事物の一体系、一序列、一組織が存していて、これによって物質が、物質に本質的と思われるあの永続的な激動を保つことができるのであり、しかも物質の産み出す諸形式の恒常性を維持できるのではあるまいか。確かにそのような組織が存している。なぜならこれが現に現在の世界に関しての例だからだ。それ故、物質の不断の運動は無限より少数の転移に際して、この組織ないし序列を産み出すはずである。そしてその序列は、その本性そのものによってひとたび樹立されるや、永遠にではないまでも多くの時代の間持続する。しかし物質が永続的な運動状態を続け、しかもなおかつ諸形式において恒常性を維持するように保たれ、配置され、適合される場合にはいつでも、物質の位置は必然的にすべてわれわれが現在、観察する技術と考案の同じ外観をもつにちがいない。それぞれの形式〔形相〕の全部分は相互に、また全体に対して一関係をもつにちがいない。また全体そのものは宇宙の他の諸部分に、その形式〔形相〕が存続している要素に、全体がその消耗と腐食を補給するのに用いる資材に、さらにまた敵対的であるか友好的であるかのあらゆる形式〔形相〕に対して一定の関係をもつはずである。これらの細目のどの一つについての欠陥も、形式〔形相〕を破壊する。そして形式〔形相〕を合成している物質〔質料〕が再び解放され、不規則な運動と発酵にと投げこまれ、かくして物質〔質料〕はいつかは遂に他のほかの規則的な形式〔形相〕と結合するに至るのだ。もしそのような形式〔形相〕がその物質〔質料〕をうけ入れる備えをしていないならば、またこのような腐敗された物質〔質料〕の大きな量が宇宙に存するならば、宇宙そのものが完全に無秩序化される。このように破壊されるのが、最初の発端状態にある一世界の脆弱な胎児であるにせよ、老齢と病弱の中で衰弱しつつある一世界の腐り果てた残骸であろうとも。どちらの場合にも、一つの混沌が続いて生じ、遂に無数ではあるが有限な変革がなんらかの形式〔形相〕を産み出すに至るのだが、その部分と諸器官は物質〔質料〕の絶えざる継続のただ中で、その形式〔形相〕を支持するように適合されているのだ(1)。

物質が、盲目で無指導な力によってなんらかの位置に投げこまれたと想定したまえ（というのも、われわれは表現を変えるべく努めたいのだ）。この最初の位置が十中八九、考えうるかぎりの世にも混乱し、世にも無秩序なものであり、人間的考案の諸作品となんらの類似をもたないにちがいないことは明白である。これらの作品は、諸部分の均整とならんで手段の目的への適合と自己保存の傾向をあらわしているからだ。この動かしている力がこのような作用の後、もし中絶すれば、物質は永遠に無秩序状態にとどまらなければならず、なんらの釣合いないし活動性をもたずに巨大な一混沌を継続させるにちがいない。しかし、この動かしている力が、それがどのようなものであるにせよ、なお物質の中で続くと想定したまえ。この最初の位置は、ただちに第二の位置に席をゆずるであろうし、またこの第二の位置は同じく十中八九、最初の位置同様に無秩序であろう。こうして変動と変革の多数の継続を通じて進んでいくであろう。いかなる特殊な序列ないし位置も、かつて一瞬間といえども変化なしには続かない。根源的な力はなお活動状態にとどまっているので、物質に永続的な無休止状態を付与する。あらゆる可能的な状況が産み出され、そして即座に破壊される。もし序列の閃光ないし曙光が一瞬間出現しても、それは物質のあらゆる部分を動かすあの休止することのない力によって、即座に追い払われ、かき乱されるのである。

このようにして宇宙は、多くの時代の間、混沌と無秩序の連続的な継続をなして進んでいくのだ。しかし宇宙がその運動と活動的な力は失わないように（なぜなら、この力をわれわれは宇宙に内属していると想定したのだから）、しかし外観の斉一性を諸部分の不断の運動と動揺のただ中でも維持するような形で、遂に止まることはあり得ないであろうか。これが、われわれの見るところ現在の宇宙の事態なのだ。それぞれの個体は永続的に変化しつつあり、またそれぞれの個体のそれぞれの部分もそうなのだが、しかも全体は外観的には同一に止まっているのだ。われわれは無指導的な物質の永遠の変革から、そのような位置を願望ないしはむしろ確信できるのではあるまいか。またこのことは、宇宙に存在している一切の明らかな知恵と工夫を説明してはいないだろうか。この主題を少しばかり熟慮してみよう。そうすれば、われわれは見出すことだろうが、形式〔形相〕の外観的な安定性が諸部分の現実で永続的な変革ないし運動とこのように適合している状態が、物質〔質料〕によってもし獲得された場合、この難問の真のではないにせよ、真に近い一解決を提供している。

それ故、動物ないし植物における諸部分の効用やそれらの不可思議な相互的な適合を強調するのはむだなことだ。動物の諸部分があのように適合されていなかったとしたならば、動物はどうして存続できるのか、僕は知りたいものだ。動物が、このような適合が止めばいつでも直ちに滅亡することや、その物質〔質料〕は腐敗しながらもある新しい形式〔形相〕を試し求めるのをわれわれは見出すではないか。事実、世界の諸部分は非常によく適合されていて、そのためある規則的な形式〔形相〕が、ただちにこの腐敗した物質〔質料〕を進んでひきうけるということが生ずるのだ。それにもしもそうでなかったとすれば、世界は存続できたであろうか。世界は動物同様に解体して新しい位置と状況を通過し、遂には偉大な、しかし有限な継続をなして、現在の序列ないし何かそのような序列に落ち着くほかはないのではあるまいか。」

「なるほどね」とクレアンテスが答えた、「この仮説は突然、論証の過程において示唆されたと君はわれわれに話したね。それを検討する余裕を君がもったとしたならば、君はその仮説がうける恐れのある打ちかちがたい反対論にただちに気づいていたことだったろうよ。君が言うところでは、いかなる形式〔形相〕もその存続に必要な力や器官を所有しないかぎり、存続できないのだ。ある新しい序列ないし組織が試みられなければならず、このように中絶することなく続いていく。そして最後にみずから自分自身を支え維持することのできるある序列に出くわすに至るのだ。しかしこの仮説によれば、人間やあらゆる動物が所有しているたくさんの便宜や利点は、どこから生じるのか。二つの目、二つの耳は、種族の維持に絶対的に必要なのではない。人類は馬、犬、牛、羊およびわれわれの満足と享楽に役立つあの無数な果実や生産物なしでも繁殖され維持されてきたことだろうよ。もしいかなる駱駝もアフリカやアラビアの砂漠において人間の役にたつために創造されなかったとしたならば、世界は解体してしまっていたであろうか。もしいかなる磁石も針にあの不思議で有益な方向を与えるために作られなかったとすれば、人間世界と人類はただちに根絶されてしまっていただろうか。自然の教える格率は一般的に極めて乏しいとはいえ、それでもこの種の実例は稀どころではないのだ。そしてそのどれもが、意図の十分の証明、それも宇宙の序列と配列を産み出した一つの慈悲深い意図の十分な証明なのだ。」

「少なくとも君は」とフィロは言った、「上述の仮説が今までのところ未完結で不完全だと推量してもまちがいあるまいよ。僕も安心してそう認めるよ。しかしこのような性質の試みにおいて、われわれはもっと大きな成果を当然のこととして期待できるだろうか。つまり、例外をもつ恐れのないような、また自然の類比についてのわれわれの制限された不完全な経験に反するいかなる事情も含んでいないような宇宙生成論の一体系の樹立を、われわれは一体望み得ようか。君の理論そのものは、確かになんらそのような利益を主張できない。たとえ君が神人同形同性論に落ちこんでしまい、それによって日常的経験への順応を一層よく維持してもね。君の理論をもう一度、検分しようじゃないか。われわれがこれまで見たすべての例では、観念が実在の対象から模写される。だからそれらは、学者の言葉を用いて言えば、原型的ではなくて模型的なのだ。君はこの序列を逆転し、思惟を先立たせる。われわれがこれまで見てきたすべての例では、思惟は物質〔質料〕になんらの影響をもたないのだ。ただこの物質〔質料〕が思惟とよく結ばれていて、その結果等しい相互的影響を思惟に対してもつような場合だけが例外だ。いかなる動物も直接的には、自分自身の身体の四肢以外の何ものも動かせない。そして事実、作用〔行為〕と反作用の等しさは、自然の一普遍的法則であると思われる。ところが君の理論は、この経験に対する矛盾を含蓄している。このような実例は、その気になれば容易に集めることの可能なその他たくさんの事例もろとも（なかんずく永遠である一精神ないしは一思想体系、つまり換言すれば、無発生的で不死な一動物という仮説）、いいかい、このような実例は、われわれのすべてに、お互いに弾劾しあうに際しての冷静さを教えてくれているようだね。だから、およそこの種のどんな体系も微細な類比から受け付けられるべきではないように、またどんな体系も小さな不適合を理由に排除されるべきではないことを知ろうではないか。なぜならば、これこそ誰もが免れ得ないとわれわれが断言してもまちがいない困った傾向なのだからね。

すべての宗教的体系は広く認められているとおり、偉大な打ちかちがたい難点の影響をうけやすい。どの討論者も攻撃的戦争を遂行し、自分の敵の馬鹿げた点、野蛮な点、および有害な主旨を指摘しながら、それぞれが勝ち誇るものだ。しかし彼らの全員が、一般にいって、懐疑主義者に対しては完全な勝利を得ようと身がまえている。懐疑論者は、このような主題に関しては、どんな体系もおよそ抱かれるべきではないと彼らにいうからだ。それは、不条理がいかなる主題に関しても決して同意されるべきではないという明白なこの理由からだ。判断の完全な中止が、この際、われわれの唯一の合理的な手段なのだ。そして、もし一般に指摘されているごとく、すべての攻撃は成功をおさめ、いかなる防御も成功をおさめないということが神学者の間にも通用するとすれば、全人類を味方にしながらつねに攻撃体勢にとどまり、しかも自分自身がおよそいついかなる時も防御しなければならない特定の部署も、定住している都市も持たないという人間、そういう人の勝利はなんと完全たらざるを得ないではないか。」

第九部

「しかしそれほど多くの難点に、ア・ポステリオリの論証がつきまとわれているとすれば」とデメアは言った、「われわれはむしろ、われわれに誤りのない証明を提供して、たちまちにあらゆる疑問と難点を切除してしまう例の単一で崇高なア・プリオリの論証にすがった方がいいのではあるまいか。この論証によれば、またわれわれは神の属性の無限性を証明できるし、それにそのような属性は、その他のどのような前提論からも決して確実に確かめられないのじゃないかと僕は思っているのだ。なぜといえば、有限であるか、さもなければ僕の知るかぎりでは有限でありうるような一結果が、いいかね、そういう一結果がね、どうして無限な原因を証明できるというのだね。それにまた神の本性の統一性をも自然の諸作品を熟視することからのみ演繹することは、絶対的に不可能ではないまでも非常に困難だ。同じくまた計画の整合性のみも、よしんば仮にそれが認められたとしても、そのような属性に関してわれわれになんらの確証を与えないだろうよ。この反面、ア・プリオリな論証は……」

「まるで君は、デメア君」とクレアンテスが言葉をはさんだ、「抽象的な論証においてこれらの利点や便利さが、完全にその論証の堅固さの証明であるかのように論考しているように思えるよ。しかし僕の意見では、このような性質のどんな論証を君が強調する気なのかを決めることがまず本筋だ。そしてその後に、君はその論証の有益な帰結からというよりもむしろ論証自身から、一層よくどのような価値をわれわれが論証におくべきであるかを決定しようと努めるべきだろうよ。」

「僕が主張したい論証は」とデメアが答えた、「一般的な論証だ。どんな事物にとっても自己自身を産出することとか、自分自身の存在の原因であることとかは、絶対的に不可能なのであるから、およそ存在するものはなんであれ、その存在の原因、ないし理由をもたなければならないのだ。それ故、結果から原因へとさかのぼって行けば、われわれはなんらの究極的原因を全くもつことなしに、無限な継続をたどりつつ進んで行くか、さもなければ必然的に存在しているなんらかの究極的原因に、最終的には助けを求めなければならないのだ。さて最初の想定が不条理であることは、次のように証明できるだろうよ。原因と結果の無限な連鎖ないしは継続の中で、それぞれの単一の結果は、それに直接に先立った原因の力および効力によって限定されて存在しているのだ。ところがこの永遠な全連鎖ないし連続は、一括してみられた場合、何ものによっても限定ないしは起因されていないのだ。しかもなおこの全連鎖が、時間の中で存在しはじめるあらゆる特殊な対象同様に、一つの原因ないし理由を要求することは明白だ。[1]なぜ原因のこの特殊な継続が永遠以来存在したのか、そして他のなんらかの継続が存在しなかったのか、あるいはまた全く継続が存在しなかったのか、という疑問はなお理由をもつわけだ。必然的に存在するものが存しないとするならば、つくることのできるあらゆる想定が等しく可能だ。そして何ものも永遠以来存在したことがないという主張の中に、宇宙を構成している諸原因のあの継続の中にある以上の不条理が見出されるわけではないのだ。それでは無よりもむしろ何ものかが存在するようにと限定し、かつある特殊な可能性に他の一切の可能性を排除して存在を付与したものはなんだったのか。永遠の諸原因などは存在しないと想定されている。偶然は意味のない一用語である。それは無だったのだろうか。しかしそれは何ものも決して産出できない。われわれは、それ故、必然的に存在している存在に助けを求めなければならず、この存在は、自分自身の存在の理由をそれ自体の中にもっているのであり、またこの存在は、明確な矛盾なしには存在しないと想定され得ないのだ。したがって、そのような存在が存しているのだ。すなわち一神が存しているのだ。」

「そんな形而上学的論考の弱点の指摘なら」とクレアンテスは言った、「僕は、フィロ君に任しはしないよ（もっとも反対論を切り出すことが、彼の何よりの楽しみなのを僕は知ってはいるけどね）。この論考は僕にはあまりにも明瞭に論拠薄弱にみえ、また同時に真の敬虔や宗教の本義にあまりにも影響するところが乏しいように思えるので、この僕があえてその虚偽を示そうという次第だ。

僕がまず指摘したいのは経験的事実を証明しようとすること、つまりア・プリオリのなんらかの論証によって経験的事実を立証しようと主張することには、明白な不条理が存在するということだ。何ものもその反対物が矛盾を含蓄していないかぎり、証明不可能なのだ。判明に思い浮かべることのできるものは、何ものも矛盾を含蓄していない。われわれが存在していると思い浮かべることができるものをすべて、われわれはまた存在していないと思い浮かべることができる。だからその非存在が矛盾を含むような存在物は何もない。したがってその存在が、証明可能な存在物は存しない。僕はこの論証を完全に決定的なものとして提案し、全論議をそれにもとづけたいのだ。

神は必然的に存在する一存在者だ、と主張されている。そして神の存在のこの必然性は、次のように主張することによって説明が試みられている。すなわち、もしわれわれが神の全本質ないし本性を知ったとすれば、われわれは二かける二が四でないことが不可能であるのと同様に、神が存在しないことは不可能であると知覚したことであろうという主張なのだ。しかし、われわれの能力が現在と同じものにとどまるかぎり、こんなことが決して生じないのは明白だ。われわれが以前には存在していると心に思い浮かべたものの非存在を、心に思い浮かべることは、われわれにとっていつでもなお可能であろう。それにまた、精神はある対象をつねに存在し続けると想定する必然性にせまられることは、決してあり得ないのだ。われわれが、二かける二を四であるとつねに心に思い浮かべなければならない必然性にせまられているのと事態は別なのだ。それ故、必然的存在という言葉は意味をもたない、つまり同じことなのだが、なんら首尾一貫したものをもたないのだ。

しかし話をすすめよう。物質的世界は必然性についての今主張されたような説明によれば、どうして必然的に存在する存在ではありえないのだろうか。われわれは物質のあらゆる性質を知っているとあえて主張はしない。またわれわれが限定できるかぎりでは、物質はある種の性質をふくむ可能性があり、かつもしこれらの性質が知られたとすれば、それらは物質の非存在が二かける二が五であるというのと同じような大きな矛盾であることを明らかにしたことであろう。僕は物質的世界が、必然的に存在する存在ではないと立証するのに、ただ一つの論証しか用いられていないと思うよ。そしてこの論証は、世界の物質〔質料〕と形式〔形相〕の双方の偶然性から由来しているのだ。《物質〔質料〕のどの分子も(*2)》と述べられている、《根絶されると意想可能だ。またあらゆる形式〔形相〕は変化されると意想されうる。それ故、そのような根絶ないし変化は、不可能ではない》。しかしわれわれが神についてのなんらかの概念をもつかぎり、その同じ論証が等しく神にも及ぶことや、精神が少なくとも神を非存在的であるとか、神の諸属性が変化させられるとか想像できるということに気づかないのは、大きな不公正だと思われる。神の非存在が不可能であることや神の属性が変化しえないことを明らかにできるのは、ある未知で意想できない諸性質であるはずなのだ。それになぜこれらの諸性質が物質〔質料〕に存し得ないのか、というなんらの理由もあげられないのだ。これらの諸性質は全然未知で意想できないのだから、物質〔質料〕と相容れないとは決して立証され得ないのだ。

　これに加えて対象の永遠の継続をたどれば、一般的原因、つまり第一創作者を探求することが不条理に思えるという事情もあるのではないか。永遠以来存在しているある事物がどうして一原因をもちえよう。なぜならこの関係は時間における先行性と存在の発端を含蓄しているではないか(3)。

対象のそのような連鎖ないし継続においては、また各部分はそれに先立った部分によってひき起こされ、そしてそれに継続する部分をひき起こす。とすればどこに難点があるのか。しかし全体は一原因を欠いている、と君は言うだろう。僕は答えて言うが、これらの諸部分の一全体への統一は、さまざまな別個の州の一王国への統一や、さまざまの異なった手足などの一身体への統一同様に、精神の一つの恣意的な働きによってのみ成就されるのであり、事物の本性になんの影響ももたないのだ。仮に僕が物質の二〇分子の一集合体の中におけるそれぞれの個別的分子の特殊な諸原因を君に示したとして、そのあとになって君が二〇全体の原因はなんだ、と僕にきいたりしたならば、僕はそんなことは大変理屈に合わないと思ったことだろうよ。こういう全体の原因は、諸部分の原因の説明と同時に十分に説明されているのだ。」

「君の持ち出した論考のおかげで、クレアンテス」とフィロは言った、「僕はこれ以上の難点を切り出さないですませそうなのだが、でもいま一つの論題を強調しないわけにはいかないよ。数学者によって観察されたところによれば、九の積は、もし君がすでにでき上がっている九の積のどれかを合成しているすべての数字を足した場合、つねに九かあるいはもとの九の積よりも小さい九の積を合成するものだ。このようにして九の積である一八、二七、三六から一プラス八、二プラス七、三プラス六というようにして九ができる。こうして三六九もまた九の積だが、三、六、および九を加えれば一八になり、もとの積〔三六九〕より小さい九の積となる。(*4) 表面的な観察者にとっては、これほど不思議な規則は偶然か意図のいずれかの結果として感嘆されるかもしれない。しかし練達した代数学者は、それを必然性の作業だと直ちに結論し、それがこれらの数の本性からいつでも由来せずにはいないことを証明する。そこでお尋ねするが、宇宙の全組織もこれに類似した必然性によって導かれていると考える余地はないだろうか。もちろんこんな難問を解決する鍵を人間の代数が提供できるはずはないにしてもね。そして自然の諸存在の序列を感嘆するかわりに、こういう事態が発生するんじゃあるまいか、つまり、万一われわれが諸物体の奥底の本性に侵入できたとしたならば、なぜ物体が他の配列をうけ入れることが絶対的に不可能であるのかを、われわれは明らかに目にするだろうということになろう。現在の問題に必然性というこの観念をもち込むのは、こんなにも危険なのだ。それは宗教的仮説に正反対な一推論をこんなにも自然に提供するのだ。」

「しかし、そのような一切の抽象論を捨て」とフィロは答えた、「もっと身近な話題に話をかぎるとして、僕はあえて一考察をつけ加えておこう。それはア・プリオリな論証は抽象的論考に馴れてしまっている形而上学的頭脳の持ち主たちや、また悟性というものが曖昧さを通りぬけ、最初の外観に反して、しばしば真理へと到達するのを数学から知って、同じ思考習慣をそういうやり方がもち出されてはならない主題に転用した人々を別とすれば、非常に説得的であったことはほとんどこれまでないということだ。他の人たちは、良識をもち、最大の宗教的傾向の人々さえ、自分自身ではおそらくどこに欠陥があるのか明確に説明できないにせよ、いつでもその種の論証には何か不足をおぼえるものだ。これこそ、人々がその宗教をこの種の論考以外の源泉から、かつて由来させたということ、また今後も由来させるであろうということの確実な一証拠だ。」

第十部

「僕の意見は、正直に言ってこうだ」とデメアは答えた、「つまり各人は自分自身の胸中で宗教の真理を、いわば感得するのだ。そしてなんらかの論考というよりもむしろ、自己の愚かさや惨めさの一種の自覚から、自分自身と全自然が依存しているあの存在から保護を求めるに至るのだ。人生の最善の情景さえも、あんなにも不安であんなにも退屈なので、来世は今なおわれわれの一切の望みと恐れの対象なのだ。われわれは絶えず前方をながめ、祈り、崇拝および犠牲によって、これらの未知の諸力をなだめようと努めるのだ。これらの諸力が、われわれを苦しめ圧迫するあれほどの能力をもっていることを、われわれは経験によって知っているからだ。われわれは惨めな被創造物ではないか。人生の無数のわざわいの真只中で、われわれにとってなんの頼みのてだてがあろう、もし宗教がある種のつぐないの方法を暗示してくれ、われわれが絶えずかき乱され、さいなまれているあの恐怖を鎮めてくれなかったとしたならばね。」

「僕は事実、確信しているのだが」とフィロは言った、「すべての人に適切な宗教観を抱かせる最善なそして事実、唯一の方法は、人間の惨めさと悪辣さの正しい描写を用いることだと思うのだ。そしてこのためには、論考や論証以上に雄弁や強力な想像力の才能の方がはるかに要求されるのだ。なぜなら各人が自分の中に感じることを立証することが必要だろうか。必要なのは、できればそれをもっと親密に鋭くわれわれに感じさせることだけだ。」

「民衆は事実」とデメアは答えた。「この偉大で憂欝な真理を十分に確信しているよ。人生の惨めさ、人間の不幸、われわれの本性の一般的腐敗、快楽、富、名誉の不十分な享受というような、こういう語句はあらゆる言語においてほとんど格言のようになってしまっている。そしてすべての人間が、自分たち自身の直接の感情と経験から言明していることを誰が疑い得よう。」

「この点に関しては」とフィロは言った、「学者たちも完全に俗衆と一致しているよ。そして聖も俗も、すべての文学の中で人間の惨めさという話題は、悲嘆と憂欝が吹きこみうる最大限の感傷的雄弁さをもって強調されてきた。詩人たちは、体系なしに情操から口をきくものであり、彼らの証言はそれ故一層大きな権威をもつものだが、この種の影響にあふれている。ホメロスからヤング博士(1)に至るまで霊感をうけたこの連中全部は、事物のこれ以外の描写が各個人の感情や観察にそぐわないであろうと、いつも感じてきたのだ。」

「権威に関しては」とデメアが答えた、「君が探すまでもないよ。クレアンテスのこの書斎を見まわしてみたまえ。あえて断言させてもらいたいが、化学とか植物学とかいうような人間生活を取り扱う機会をもたない特殊な諸科学の著者たちをのぞけば、人間の惨めさの感覚のために詠嘆と告白をどこかの一節でしぼりとられていないような人は、この無数の作家たちの中にほとんど一人もいないのだ。少なくともこう見ておく方が完全に当たりそうだ。それにどんな著作家も僕が思い出せるかぎりでは、一人としてこのことを否定するほど法外ではなかったよ。」

「その点はお許し願わなければならないが」とフィロは言った、「ライプニッツはそれを否定したよ。そしておそらく、この人はあれほど大胆で逆説的な意見を思いきって口外した最初の人物[*2]だろう。少なくとも、それを自分の哲学体系の本質とした最初の著者だろう。」

「そして最初の人物であったことにより」とデメアが言った、「彼は、自分の誤謬に気づかなかったのではあるまいか。だって、これは哲学者が、なかんずくこれほど後の時代になって、発見を行なおうという意図を抱けるような主題なのかね。それに誰が単なる否定によって（と言うのも、この主題がほとんど論考を受け付けないからなのだが）、感覚や意識にもとづいている人類の一致した証言を圧倒しようと望み得ようか。」

「それにどうして人間が」と彼はつけ加えて言った、「他の一切の動物の運命からの免除を要求していいのだろうか。全地球はね、フィロ君、君はどう思う、呪われ、汚されているんじゃないかね。永久の戦争が、一切の生物の間で燃えあがらせられている。必要、飢餓、欠乏が強者や勇者を駆りたてる。恐れ、不安、恐怖が弱者や病者を動揺させる。人生への最初の登場からして、新生児にも、また哀れなその母親にも激痛をもたらすのだ。弱体、不能、困窮がその生涯の各段階についてまわる。そして人生は遂に末期の苦しみと恐怖のうちに終えられるのだ。」

「あらゆる生物の生活を」とフィロは言う、「つらいものとするための、自然の不可思議な術策をもよく見てくれたまえ。より強いものはより弱いものを餌食にし、それらを永久の恐怖と不安の状態に保つ。より弱いものもまた彼らなりに、しばしばより強いものを餌食にし、手をゆるめることなしに彼らを焦らし悩ます。昆虫のあの無数の一族を見たまえ、彼らはあらゆる動物の身体を餌に繁殖するか、あるいは周囲を飛びまわって彼らの針をあらゆる動物にさしこむのだ。これらの昆虫には、彼らよりさらに小さな他の虫がいて彼らを悩ます。そこでこのように前後上下のどちら側でも、すべての動物は敵にかこまれており、この敵たちは絶えずその動物の困窮と破滅を求めているのだ。」

「人間だけが」とデメアは言った、「部分的にはこの規則の一例外であるようだ。なぜなら結合して社会をなすことにより、人間は容易にライオンや虎や熊を支配するからだ。これらの動物の人間より大きな力と身軽さは、人間を餌食にする能力を生来彼らに与えているのだけれどもね。」

「その反対に、主としてここにこそ」とフィロが叫んだ、「自然の整合的で平等な格率がもっともよく明らかになっているよ。なるほど、人間は結合によって彼の一切の現実的な敵に打ち勝ち、全動物界の主人となることが可能だ。しかし人間は、ただちに自分自身に対して空想的な敵、つまり彼の幻想の鬼神をよび起こし、これらの鬼神が人間に迷信的恐怖をつきまとわせ、人生のあらゆる享楽を気抜けさせるのではあるまいか。人間の快楽は彼の想像するところによれば、鬼神たちの目に犯罪となるのだ。彼の食事や休息は、鬼神たちに疑惑と怒りのもとを与えるのだ。彼の眠りや夢さえ不安な恐れに新たな材料を供給する。そして死というあらゆる他のわざわいからの人間の避難さえ、無際限で無数の悲痛への懸念のみを提供するのだ。迷信が哀れな死すべき人間の不安な胸を苦しめるほどには、狼でさえ臆病な羊の群れをさいなみはしない。

そのほか、考えてみたまえ、デメア君。われわれがおかげでこれらの野獣、つまりわれわれの自然の敵に打ち勝つこの社会そのものが、なんという新たな敵をわれわれに呼び起こしているではないか。なんという悲痛と困窮をそれは惹起しているではないか。人間は人間の最大の敵だ。圧迫、不義、軽蔑、侮辱、暴力、暴動、戦争、中傷、反逆、背信、こういうもので人間はお互いに苦しめあう。そして彼らの分散に伴わずにはいないさらに大きな災害への懸念がなかったとしたならば、彼らはせっかく形成したあの社会というものをすぐに解消したことであろう。」

「しかし、われわれを襲う、動物からの、人間からの、あらゆる要素からの外的屈辱が」とデメアが言った、「恐ろしい種目の悲痛をなしているにもかかわらず、それらはわれわれ自身の内部で、われわれの精神や身体の病的状態から発生する屈辱と比較すれば無に等しい。どれほど多くの人が、病のいつまでもつきまとう桎梏のもとに横たわっていることか。偉大な詩人の情熱的な列挙を聞きたまえ。

腹中の石また潰瘍、疝気痛、
魔につかれたる乱心、ふさぎこんだ憂鬱症、
また月に打たれし気の狂い、思いこがれる憔悴病、
衰弱症と広くを荒らす流行病。
のたうちまわるも悲惨にて、唸りも低く絶望が、
床から床へと忙しく、病者を看とれり。
かくて勝ちほこりたる死神は、彼らの上に
その投げ槍をふりかざせども、しばしは打たず
彼らの主なる救いかつ最後の望みとして、しばしば祈願されしが。(3)」

「精神の混乱は」とデメアは続けた、「〔身体の場合よりも〕より人目に立たないにもかかわらず、おそらくは、陰惨と心痛の度合いがより少ないとはいえまい。悔恨、恥辱、激痛、激怒、失意、不安、恐怖、落胆、絶望、このような拷問者の残酷な来襲なしに、人生を誰がかつて経てきたであろうか。どれほど多くの人が、これより以上の感覚をかつてわずかにせよ感じたことがあったろうか。労働と貧困は、誰によってもあれほど嫌悪されているにもかかわらず、はるかに多数の人々の確実な運命なのだ。そして安逸と富裕を享受しているわずかな特典をもつ人々も、決して満足ないし真の幸福に達しない。人生の

全善事が集められても、非常に幸福な人間を作れそうもないが、あらゆる災害が集められれば事実、哀れな人間を作り出すことであろう。そしてそのような災害のほとんどどの一つだけでも（それに誰があらゆる災害から解放されることができようか）、いやしばしば一つの善事の欠如さえも（それに誰があらゆるものをもつことができよう）、人生を選ぶに価いしないものと化すのに十分なのだ。

一人の見知らぬ人間が、突然この世界の中に飛びこんでくることになったとすれば、僕はこの世の災害の一例として病気であふれている病院、犯人や借財人で満ちている牢獄、死骸がまき散らされている戦場、大洋で波にもまれている船隊、暴君政治、飢餓ないし悪疫のもとにあえでいる国民を、その男に示すことだろう。人生の楽しい面に彼の目を転じさせ、彼にその快楽の概念を与えるために、僕は、彼をどこに連れていくべきだろうか。舞踏会へだろうか、オペラへだろうか、宮廷へだろうか。彼は正に僕が彼に苦悩と悲嘆のさまざまの姿を示しているにすぎないと思うことだろう。」

「そのような強烈な実例は、かわしようもないね」とフィロが言った、「もっとも、弁明できないわけではないが、それはさらに攻撃を強化するだけだろうね。なぜあらゆる人間が、あらゆる時代において絶えず人生の惨めさを嘆いてきたのだろうかね……。彼らは何も正当な理由をもっていないのだ、とある人はいうのだ。これらの訴えは、彼らの不満足と嘆きと、不安にあふれた気質から出てきたのにすぎないのだとね……。そうとすれば、そのような哀れな気分以上に確実な惨めさの基盤が、一体あり得るのだろうか、と僕は答えたいね。

しかし彼らが自分から主張しているように、実際に不幸だとしたならば、と、僕の論敵は言うのだ、なぜ彼らは人生にとどまっているのだ。

人生に満足せず、死を恐れながら、

これこそが、と僕は言う、われわれをとらえている秘密の鎖なのだ。われわれは恐怖を抱いているが、われわれの存在を継続するように買収されてはいないのだ。

それは、と彼は主張するかも知れない、若干の洗練された精神の持ち主が耽溺する一種のいつわりの繊細さにすぎず、それが人類全体の間にこのような嘆きをまき散らしたのだとね。……それでは、と僕は尋ねる、君が非難するこの繊細さとはなんだね。それは人生のあらゆる快楽や苦痛へのより大きな感受性以外のなんであろう。そしてもしも繊細で洗練された気質の人間が、世間の他の人間以上に敏感であるためにそれだけ一層不幸であるにすぎないならば、われわれは一般に人生についてどのような判断をもつべきなのかね、と。

人々を休息させておきたまえ、とわが敵は言う、そうすれば、彼らはのん気だろうよ。彼らは自分自身の惨めさの意図的作製者なのだ、と……。そんなことがあるものか、と僕は答える、不安な無気力が彼らの休息の次にくるし、失望、懊悩、苦労が彼らの活動と野心の次にくるのだ、と。」

「僕も君のいうような何かを、他の幾人かの人の中に認めることはできるよ」とクレアンテスが答えた、「しかし正直いって、僕は僕自身の中にそんなものはほとんど、または全く感じないし、君が述べたようにはそれが一般的でないことを望むね。」

「もし君が人間の惨めさを君自身としては感じないとすれば」とデメアは叫んだ、「僕は君のそんな幸福な特異性をお祝いするよ。他の人間は、一見どれほど栄えていても、この上もない憂鬱な口調で、自分たちの嘆きをもらすのを恥としなかったものだ。あの偉大で、幸運な皇帝カルル五世(4)に目をとめてみよう。この皇帝が人間的偉大さに疲れて、彼の一切の広大な領土を彼の息子の手にゆずったとき、どうだったね。あの記念すべき機会に、彼が行なった最後の演説で、彼は公的に告白したのだ、自分がかつて享受したいかに偉大な繁栄も同じ数だけの逆境とまぜ合わされていた、自分はかつていかなる本望ないし満足も享受したことがないと心からいいたいくらいである、とね。しかし皇帝が隠れ家を求めた引退生活が、彼にそれ以上大きな幸福を与えただろうか。われわれが彼の息子の記録を信用していいとすれば、彼の後悔は彼の退位のその同じ日に始まったのだ。

キケロの運命は、小さな発端から最大の栄光と名声にまでのぼった。しかも、彼の親書も哲学的論考も人生の災害についてなんと感動的な詠嘆を含んでいることだろう。そして彼自身の経験にそくして、彼はカトー(5)、あの偉大な、あのめぐまれたカトーが、その老年において、もし自分が彼から新しい人生を提供されたとしても、自分はその贈り物を断わったであろうと断言しているのを紹介している。

君自身、自問するなり、君の知人の誰にでも、彼らがその生涯の最後の一〇年ないし二〇年をもういっぺん生きてみたいかどうか尋ねてみたまえ。それは嫌だ、しかし次の二〇年は、と彼らは言うだろう、もっとよいことだろうと。

最初の力あふるる疾走すら与えざりしものを、
かくて人生の残滓より受けんと欲すなり。(6)

かくして遂に彼らは、自分たちが人生の短さと人生の空しさおよび悲しさを、同時に嘆いているのを見出すのである(これほども人間の惨めさは偉大なのだ、それは矛盾さえも妥協させるのだ)。」

「それで、クレアンテス君」とフィロは言った、「これらすべての反省および無限にそれ以上の示唆されそうな反省の後にも、君がやはり君の神人同形同性論にとどまり、神の道徳的諸属性、つまり神の正義、仁愛、慈悲および方正が人間という被造物におけるこれら美徳と同じ性質のものである、と主張できるなどということが可能なのか。神の力は、われわれも無限と認める。神が意志することはなんであれ遂行される。しかし人間も他のいかなる動物も幸福ではない。それ故、神は彼らの幸福を意志していないのだ。神の知恵は無限である。神はいかなる目的に対する手段を選ぶのにも決して誤らない。しかし自然の課程は人間ないし動物の幸福に向かってはいない。それ故、それはそのような目的のために立てられてはいない。人間知識の全領域を通じてこのような推論ほど確実で誤りのない推論はないのだ。

どの点で一体、神の仁愛、慈悲が人間の仁愛や慈悲に類似しているのだね。

エピクロスの古い質問は、今なお未返答なのだ。

神は悪を阻止する意志はもっているが、できないのであろうか。とすれば神は不能だ。彼はそれができるのに意志しないのであろうか。とすれば彼は悪意的だ。彼は能力があり、意志もあるのであろうか。とすればどこから悪が生じているのか。

君は、クレアンテス、(また思うにそれで正当なのだが)目的と意図を自然に帰しているよ。しかしお尋ねしたいんだがね、自然があらゆる動物の中に展示したあの不可思議な技巧や仕組みの目的は、なんなのだね。個体の維持と種族の繁殖だけだ。そのような段取りが宇宙においてかろうじて保持されれば、宇宙を合成している諸成員の幸福にはなんらの配慮も関心も払われなくとも、自然の目的には十分であるようだ。成員の幸福という目的のためにはなんの手配もない。単に快楽、安逸を与えるためにはなんらの仕組みもない。純然たる歓喜や満足のための備蓄もない。目こぼしがあれば必ず何か欠乏や必要が続いてやってくる。少なくともこの種のほんのわずかの現象とは、はるかに大きな重要性をもつその反対の現象によって均衡を破られていないのだ。

音楽、調和、および事実、あらゆる種類の美についてのわれわれの感覚は、人類の維持と繁殖に絶対的に必要というわけではないのに満足を与える。しかし、その反面、痛風、結石、偏頭痛、歯痛、リューマチ等の動物的機構にとっての損傷が小さいにせよ不治にせよ、なんという責苦が生ずることだろう。

歓楽、哄笑、遊戯、宴会は、そのあとにそれ以上になんの余波も残さないその場かぎりの満足であると思われる。陰鬱、憂鬱、不満、迷信は、同じ性質の苦痛である。こうなると神の仁愛は君たち神人同形同性論者の意味では、どのように示されるのだろうね。君たちが好んで名付けてくれたわれわれ神秘論者だけが、現象のこの奇妙な混合物を無限に完全な、しかし理解不可能な諸属性から由来させることにより説明できるのだ。」

「こうして君は遂に」とクレアンテスは微笑しながら言った、「君の意図をもらしてしまったね、フィロ。デメアと君のながい協定は実際、僕を少しばかりびっくりさせたよ。しかし君たちがその間ずっと僕に対して隠された砲列をしいていたのが僕には分ったよ。そこで僕は率直に言わなければならないが、君たちは今、反対および討論の君たちの崇高な精神にふさわしい一主題に行き当ったのだよ。もし君たちが現在の論点を解き明かし、人類を不幸ないしは堕落していると立証できるならば、あらゆる宗教の一挙の終焉となるのだ。なぜならば、神の道徳的諸属性がなお疑わしく不確実であるのに、その自然的諸属性をなんのために確立することがあろう。」

「君はとかく」とデメアが答えた、「宗教家たちや信心家たちの間においてさえ、もっとも一般的に受け入れられているもっとも罪のない意見が、大変気にさわるのだね。それに人間の悪辣さと惨めさに関するこのような話題が、無神論や世俗主義にほかならないとして攻撃されているのを見出すほど驚くべきことはないのだ。これほど豊かな主題に関して、持ち前の美辞麗句を思う存分にふるったあらゆる敬虔な神学者たちや説教師たちは、どうだったのかね。彼らは、どうだい、この主題に付随していそうなどんな難問の解決をやすやすと与えたではないか。つまり、この世界は宇宙に比較すれば一点にすぎない。現世は永遠に比較すれば一瞬間にすぎない。それ故、現在の邪悪の現象は、ほかの国において、また存在のある未来の時期において訂正される。また人間の目はそのとき、事物のより広大な視野へと開かれて一般的諸法則の全関連を見、そして神の仁愛と方正を神の摂理のあらゆる迷路と錯綜を通じて、崇拝を共にたどるというわけだ。」

「いや、それは違うよ」とクレアンテスは答えた、「そんな勝手放題な想定は、目に明らかな討論の余地のない経験的事実に反しているから、決して認められないよ。原因はその知られた結果以外のどこから知られることが可能なのだ。仮説は、明らかな現象以外のどこから立証されうるのだ。一仮説を他の仮説の上に築くのは、完全に空中楼閣を建てることだ。それに、この種の推測や仮定によって、われわれがおよそ達しうる最大限は、われわれの意見の単なる可能性を確証することなので、そもそもこのような条件でわれわれは、われわれの意見の実在性を決して確立できないのだ。

神の仁愛を支持する唯一の方法は（またこれこそ僕が進んで抱懐したい考えなのだが）、人間の惨めさと邪悪さを絶対的に否定することだ。君の表現は誇張的だよ。君の憂欝な見地は大部分が虚構的だよ。君の推論は事実と経験に反しているよ。健康は病気よりも一般的だ。快楽は苦痛よりも、幸福は困窮よりも一般的なのだ。そしてわれわれが出会う一つの心痛に対して、われわれは計算してみれば、百もの享楽を手に入れているよ。」

「なお極めて疑わしいのだが」とフィロは答えた、「君の見地を認めるとすれば、君は同時に、苦痛が快楽よりも回数が少ないとしても、それが無限なほど一層激しく永続的であることを認めなければなるまい。苦痛の一時間はしばしば、われわれの日常的な味気のない享楽の一日、一週間、一ヵ月を凌駕するものだ。こうしてなんと多くの日々、週、月が、多くの人々によってもっとも鋭い責苦の中で過ごされることだろう。快楽はほとんど一例でさえも、恍惚や有頂点に達することがありえない。またどんな場合といえども、快楽がその最高の調子と高さでわずかもの間にもせよ続くことは不可能である。〔動物〕精神(7)は発散する。神経は弛緩する。組織が不調化する。こうして享楽はたちまち疲労と不快に変質するのだ。ところが苦痛はしばしば、困ったことに、あんなにもしばしば拷問や死の苦しみにまでたかまっていくのだ。そして苦痛はながく続けば続くほど、それだけ一層純粋な死の苦しみや拷問の責苦になるのだ。忍耐もつき果てる。勇気も阻喪する。憂鬱がわれわれをとらえる。そしてわれわれの悲惨さを終えてくれるものは、その原因の除去しかない、つまり他の出来事しかないわけだ。そしてこれだけがあらゆる災害の唯一の対症薬なのだが、しかもそれをわれわれは、われわれの生来の愚かさから、さらに大きな恐怖や驚愕でながめるのだ。」

「しかしこれらの話題は」とフィロは続けた、「もっとも明瞭、確実、そして重大であるとはいえ、いつまでも強調するのをやめるとして、勝手ながら僕は君に警告しなければならないよ、クレアンテス、君は討論をもっとも危険な一論点に向け全面的懐疑主義を自然および啓示神学のもっとも本質的な信条の中に、自分では気づかずに持ち込んでいるからだ。なんということだ。われわれが人生の幸福を認め、この世においてさえもの連続的存在をわれわれの一切の現在の苦痛、欠陥、心痛および愚行もろとも、選択に価いし望ましいものであると主張しないかぎり、宗教のための正当な基礎を確定するなんらの方法もないとは。しかしこれはすべての人の感情と経験に反しているよ。それは何ものもくつがえし得ないほど確立されている一権威に反しているよ。この権威に反対して、いかなる決定的立証も決して持ち出し得ないのだ。それにまた、すべての人間とすべての動物の生活におけるすべての苦痛とすべての快楽を計算し、評価し、そして比較することは、君にとって可能ではない。このようにして、君は宗教の全体系をその本性そのものからして永久に不確定であるはずの一論点にもとづけることにより、この体系が等しく不確実であることを暗黙のうちに告白しているのだ。

しかし、決して信じられそうもないこと、少なくとも、君が決してどうあっても立証できないこと、すなわち動物ないしは少なくとも、人間のこの世の生活における幸福がその悲惨さを越えているということ、それは、君に対して容認するとしても、君はまだ何もしてはいないよ。なぜならば、これはわれわれが無限な力、無限な知恵および無限な善性から期待するものでは決してないのだ。なぜそもそも、悲惨などがこの世に存在するのか。偶然によってではあるまい。とすれば、なんらかの原因からだ。それは神の意志からなのか。しかし神は完全に仁愛的だ。悲惨は神の意志に反しているではないか。しかし神は全能だ。これほど簡潔、これほど明瞭、これほど決定的なこの論考の堅固さを何ものもゆるがしえない。もっとも、われわれはこのような主題がすべての人間能力を超越しており、またわれわれの真理と虚偽の共通の尺度がこれら主題に適用できないと主張するならば、話は別だがね。これこそ僕が、これまでずっと主張してきた一話題なのだが、しかもそれを君は初めから軽蔑と憤怒で排撃したのだ。

しかし、僕は満足してこの陣地内から静かに退却するだろうよ。なぜなら、僕は君が君の力で僕をそこへ閉じこめることができるとは認めないからね。僕は人間における苦痛ないしは悲惨が、神における無限の力および善性と、これらの属性についての君の意味によってさえも、両立できることを認めよう。これら一切の譲歩によって、君はどれだけ前進しただろうか。単なる可能的な両立性では十分ではない。君はこれらの純粋で、混在物のない、そして制御できない諸属性を現在の混合された混乱した現象から、しかもそれらの現象からだけ立証しなければならないのだ。有望な企てだよ。現象が、あれほど純粋で混合物をもたなかったとしても、それらはなお有限なのだから、当面の目的には不十分だったことだろう。それらがまたあれほど不調和で不一致である場合、ましてのこと、どれだけ一層不十分か知れない。

ここまでくれば、クレアンテス君、僕の論証は安心なものだよ。これで僕が勝ったのだよ。先ほど、知性や意図の自然的属性に関して僕たちが論じたとき、僕には君の手を逃れるため、ありとあらゆる僕の懐疑論的なまた形而上学的な微妙さが必要だったのだ。宇宙とその諸部分の多くの見解、とくに後者の見解では、目的原因の美しさと適切さがわれわれを抵抗しえぬほどの力で打つので、その結果として一切の反対論が単なる揚げ足とりや、詭弁にみえるのだ（事実、その通りであると僕は思うのだが）。そこでまたわれわれも、それらをわれわれがどうして重視することが可能だったのか想像もつかないのだ。しかし人生ないし人間の条件についての見解で、そこから最大の暴力なしで、われわれが道徳的諸属性を推論できたり、あるいはまたわれわれが信仰の目にだけたよって発見しなければならない無限の力と無限の知恵と共に結ばれた、かの無限の仁愛を学びうるような見地は存していないのだ。さあ今度は君がなんとかひと骨折って、君の哲学的妙説を平明な理性と経験の指令に反対して主張する番だよ。」

第十一部

「僕は自認して恥じないことだが」とクレアンテスが言った、「僕にはわれわれがあらゆる神学的著作家の中で出会う無限という言葉の頻繁なくり返しを、哲学というよりもむしろ賛辞の風味を持つんじゃないかと受け取る傾向がこれまであったよ。またわれわれがより一層正確でより一層穏和な表現に満足すべきであるならば、論考や宗教さえもの目的が一層よく満たされるのじゃないかと思うよ。感嘆すべき、すぐれた、最高に偉大な、賢明な、神聖な、というような用語は、人々の空想力を十分に満たす。そしてそれを越えた何ものも、それが不条理に落ちこむということは別にして、情愛や情操になんらの影響も持たない。かくして目下の主題において、もしわれわれが、デメア、君の意図がそうだと思えるようにあらゆる人間的類比を放棄すれば、われわれはあらゆる宗教を放棄し、われわれの崇拝の偉大な対象についてなんらの概念も保持できないのじゃないかと心配だよ。もしわれわれが人間的類比を維持すれば、宇宙における邪悪の混合を無限な属性と調和させることを、われわれは永久に不可能と考えなければならない。ましてのこと、後者を前者から立証することなどわれわれにはとうていできない。しかし自然の創作者が人類をはるかに超越しているにもかかわらず、有限的に完全であると想定すれば、自然的および道徳的邪悪に関して十分な説明が与えられうるし、すべての厄介な現象は説明され適応されうるのだ。そうすれば、より大きな邪悪をさけるために、より小さな邪悪が選ばれることだろう。望ましい結末に達するために不都合は甘受されうる。こうして一言でいえば仁愛が知恵によって規制され、必要性によって制限されて、現在の世界とちょうど同じような一世界を産み出すかも知れない。フィロ、君は意見や反省や類比をもち出すのに、あんなに機敏なのだから、この新しい理論に関する君の意見を詳細に中断せずに、僕はぜひ聞きたいのだよ。そして、もし君の意見がわれわれの注意に価いすれば、われわれはそれを後でもっとゆっくり時間をかけて、きちんと格好つけたいものだ。」

「僕の意見は」とフィロは答えた、「秘密にされるに価いしないよ。そこで、だからもったいぶらずに僕は現在の主題に関して僕の頭に浮かんだことをお伝えしよう。僕が思うに、このように認められなければならないじゃないかね。つまり、われわれの想定によれば、宇宙と全く親しく接していない一つの非常に制限された知性が、もし仮に宇宙とはいかに有限といえ、非常に善良、賢明かつ有力な一存在の所産だということを確証されたとすれば、その知性は自分の推測から、われわれが経験によって宇宙とはこうであると見出すのとは異なった宇宙の観念をあらかじめ形成することであろう。またこの知性は、自分が知らされている原因のこれらの属性からだけ考えたのでは、その結果が現にこの人生で目に見えているほどにも悪徳、悲惨および無秩序でいっぱいであり得ようとは、決して想像できないことであろう。さてこの人物が、この世界に連れ込まれてきたとし、しかもなお世界がそのような崇高で仁愛をもつ一存在の作品であると確信をもたされていたと想定すれば、彼は恐らく失望して驚くことであろう。しかし彼の以前の信仰を、もしそれがなんらかの極めて堅固な論証にもとづいているとすれば、決して撤回しないことであろう。そのような制限された知性は、自分自身の盲目性と無知を感じているはずであり、自分の理解力では永遠にとらえ得ないような諸現象の多くの解決がありうることを認めざるを得ないからだ。しかし、これが人間に関しての現実の事態なのだが、仮にこの被創造物が前もって仁愛的で、有力な一つの至高な知性を確信させられていずに、その種の信仰を事物の外観から帰納するにまかせられていると想定したならば、このことは事態を完全に変え、またこの被創造物はそのような結論へのなんらの理由も決して見出さないことであろう。彼は自分の悟性の狭い限界を完全に確信するであろう。しかしこのことは、至上な諸力の善性に関して一推論を形成するのに彼を助けないであろう。彼はその推論を自分が知っていないことからではなく、自分が知っていることから形成するはずだからだ。君たちが彼の弱さと無知を誇張すればするほど、君たちは彼にますます自信を失わせ、そしてそのような主題が彼の諸能力の範囲を越えているのではないかという一層大きな嫌疑を彼に与えるのだ。それ故、君たちは彼と共にもっぱら知られている現象からのみ論考し、あらゆる恣意的な想定ないし推測を捨てなければならないのだ。

僕が君たちに一軒の家ないし宮殿を見せたとして、そこには便宜ないし快適な一部屋もなく、そこでは窓、ドア、暖炉、通路、階段および建物全体の組み立てが、騒音、混乱、疲労、暗黒および極端な寒暑の源だったとすれば、君たちはそれ以上調査するまでもなく、確かに設計計画を非難することだろう。建築家が、彼の芸の細かさを展示して、君たちにもしこのドアあるいはあの窓が変更されたとすれば、もっと大きな不都合が生ずるだろうと証明してもむだであろう。彼の言うことは、厳密には真実かも知れない。建築物の他の諸部分がそのままであるのに、一特殊部分が変更されれば、それは不都合な点をもっぱら増大しかねない。しかもなお君たちは一般的に主張することであろう、もし建築家が手腕とよい意図を持っていたとしたならば、このような不都合の一切ないし大部分に対応できたはずの全体の設計を作り上げることができていたであろう、また諸部分をそういう具合に適合させていたであろうと。そのような設計を彼が知らないこと、ないしは君たち自身が知らないことさえも、その種の設計図の不可能性を君たちに確信させることは決してできないだろう。もし諸君が建物になんらかの不都合なり不格好を見出せば、細目にたちいったりせずに、諸君は常に建築家を弾劾することだろう。

要するに、問題をくり返せば、世界は一般的に考察されたとき、またこの世においてわれわれに見えるところでは、一人の人間ないしそのような限られた存在が、前もって一つの非常に有力で賢明で恩恵的な神から期待するであろうようなものと異なっているのか。この反対を主張するのは奇妙な偏見にちがいない。そこでここから僕が結論するのは、世界がどれほど恒常的であろうとも、そのような神の観念もろともある種の想定および推測を認めても、世界は神の存在に関する推論をわれわれに決して供給することができないということだ。恒常性は絶対的には否定されない。ただ推論は否定されうる。推測はとくに、無限が神の諸属性から排除された場合には、おそらく一恒常性を立証するに十分かも知れない。しかしなんらかの推論のための基礎では決してあり得ない。

感覚をもっている被創造物を悩ます悪事の全体ないし最大部分が依存している四つの事情が存するように思われる。そしてこれらすべての事情が必然的で不可避的かも知れないということはあり得ないことではない。われわれは日常生活を越えては、また日常生活についてさえも知るところが極めてわずかなのだが、この宇宙の組織に関してどれほど粗雑にもせよ、正当であり得ないような推測は存しないのだ。またどれほどもっともらしくても、間違いでありえないような推測も存しないのだ。この深い無知と曖昧の中にあって、人間悟性に帰属する一切は懐疑的であること、少なくとも要心深くあることだ。そしていかなる仮説も、それがなんであれ認めないことだ。ましてや蓋然性の外観によって支持されていないようなどんな仮説も一層認めないことだ。さてこれが邪悪の一切の原因および邪悪の依存する諸事情に関しての事態であると僕は主張したい。これらのどれ一つとして、人間理性にとっては最小限度にさえ必然的で不可避的とはみえない。またわれわれは空想力の最大限の解放なしには、それらをそのように想定できないのだ。

邪悪をもたらす第一の事情は、動物的被造物のあのような考案ないしは仕組みだ。それによれば快楽と同様に苦痛が使用されてあらゆる被創造物を行動へと駆りたて、彼らをして自己保存という偉大な仕事に気を配らせるのだ。ところが人間悟性には快楽だけでもそのさまざまな程度によって、この目的に十分であるように思われる。あらゆる動物はつねに一種の享楽状態にありうるわけだ。しかし渇、飢え、疲れのような自然の必要性のどれかにせまられたとき、彼らは苦痛のかわりに快楽の減少を感じ、このことによって彼らは自分たちの存続に必要な対象を求めるように刺激されることが可能であろうというわけだ。人間は苦痛をさけるのと同じくらい熱心に快楽を追い求めるものだ。少なくともそういうように構成されていることも可能だったのだ。それ故、苦痛なしでも生活の万端を遂行することは明らかに可能と思われる。それではなぜ一体、あらゆる動物がそのような感覚を感じるように作られているのか。仮に動物が一時間でも、それから解放されることが許されるとすれば、彼らはそれからの永久の免除を味わってもよかったはずだ。それにまたそのような感覚を産み出すことは、彼らに視覚、聴覚、その他感覚のそれぞれを付与するのと同じ程度の、彼らの諸器官の特別な一考案を必要としたのだ。われわれはそのような考案が必要であったと、理性のなんらの外観さえなしに推測してよいだろうか。またわれわれは、もっとも確実な真理としてそのような推測に基礎をおいてよいであろうか。

しかし第二の事情、すなわち、一般的法則による世界の指導がなかったとすれば、苦痛の能力がそれだけで苦痛を産み出しはしなかったことであろう。そしてこのような事情は、極めて完全な存在にとって必要とは決して思えないのだ。確かにその通りだ。あらゆる事物が特別な意志作用で指導されたとしたならば、自然の過程は絶えず破られるであろうし、誰も自分の理性を人生を切りぬけていくに際して使用できないことであろう。しかし他の特殊な意志作用が、この不都合に対応することはあり得ないのであろうか。要するに、神は悪事が見出されるに相違なかったような場合にはいつでも、あらゆる悪事を根絶できるのではなかったろうか、また原因と結果のながい準備ないしはながい進展などなしに、あらゆる善事を産み出すことができたのではないだろうか。

その他、われわれが考察しなければならないのは、世界の現在の仕組みによれば、自然の過程が正確に規則的であると想定されているにもかかわらず、なおわれわれにはそのように見えず、多くの出来事が不確実であり、また多くの出来事がわれわれの期待を裏切るということだ。健康と病気、平穏と暴風雨はその原因も分らず、多種多様な他の無数の偶有事もろとも、個々の人間の運命にも公共社会の繁栄にも共に大きな影響をもっている。そして事実、あらゆる人間生活は、いってみればそのような偶有事に依存しているのだ。それ故、宇宙の秘密の源泉を知っている一存在は、特殊な意志作用によってこれら一切の偶有事を人類の善事へと転じ、みずからはどの作用に際しても姿をあらわすことなしに全世界を幸福にすることが容易にできたはずだ。船隊はその目的が社会に役立つことにあるとすれば、つねに順風に出会うことができるはずだ。善良な君主は健康と長寿を得ていいはずだ。権力と権威へと生まれている人々は、良い気質と有徳な気性を備えた体を与えられていいはずだ。このようないくつかの出来事が、規則的かつ賢明に指導されたならば、世界の表面を一変したことであろう。しかもなお、現在の事物の仕組みほど自然の過程をかき乱し、あるいは人間の生き方を混乱させると思われるものはほかにないようである。この現在の仕組みでは、原因が秘密で多種多様で合成されているからだ。二、三の小さな心の触れあいが、カリグラ[1]の頭脳に幼時期において与えられていたとすれば、彼を一トライアヌス[2]に回心させていたかも知れない。一つの波が他の波よりも少しばかり高かったとすれば、カイザルと彼の運命を大洋の底に埋没させることにより人類の著しい部分に自由をとりもどしたかも知れないところだった。私の知るかぎり、なぜ摂理がこのようなやり方で介入しないかについては、それ相当の理由があるようだ。しかしその理由はわれわれに未知だ。そしてそのような理由が存在するという単なる想定が、神の属性に関する結論を救出するのに十分であるかも知れないにせよ、なおかつ確かに、それはその結論を確立するのに決して十分ではあり得ないのだ。

もし宇宙におけるすべての事物が一般的法則によって指導されるとすれば、またもし動物が苦痛を感じるようにされているとすれば、物質のさまざまな衝突や一般的法則のさまざまな協力や対立の中からある悪事が起こらずにすむことは、ほとんど可能とは思えない。しかしこの悪事も第三の事情が存しなかったとすれば、極めて稀だったことだろう。さて僕が触れようと言い出した事情とは、すなわち非常な倹約のことなのだが、あらゆる力と能力はこの倹約さでそれぞれの特殊な存在に配分されているのだ。すべての動物の器官と能力は非常によく適応されており、また動物の維持に大変よく適合されているので、歴史や伝説が及んでいるかぎりでは、これまでに宇宙で絶滅させられたいかなる一種族もなかったようにみえる。あらゆる動物は必要な諸資質をもっている。しかしこれらの資質は非常に細心な経済

〔観〕をもって付与されているので、なんらかの著しい減少はその動物を完全に破滅せずにはいない。一つの力が増大されればいつでも、他の力の中にそれに比例した減退が存している。速さですぐれている動物は一般に力に欠けている。この両者をもつ動物は、彼らの感覚のどれかで不完全であるか、さもなければもっとも切実な欠乏に苦しめられている。人類もその主要な優越性は理性と賢明さであるが、他のすべての動物の中でもっとも困窮しており、また身体的利点にもっとも欠けており、着衣もなく、武器もなく、食糧もなく、住居もなく、なんらの生活の便宜もなく、彼らが彼ら自身の熟練と工夫に負うもの以外は、何も持たないのだ。要するに、自然はその被創造物の諸必要について正確な計算をしたように思える。そして厳格な主人のように、これらの必要物を供給するのに正確に足りる程度以上にはほとんど彼らに力ないしは資質を供給しなかったのだ。寛大な親なら偶有事に備え、また状況のどんな不幸な併発に際しても、産んだ子供の幸福と福祉を確保するために十分な資産を付与しておいたことだろう。すべての人生行路があれほど断崖絶壁でかこまれていて、その結果、間違いないし必要により、本道からほんの少しはずれても、われわれは困窮と破滅の中にまき込まれずにはいないということもなかったであろう。いくらかの貯蓄、いくらかの資金が幸福を保証するために準備されていたことであろう。また力や必要性もあれほどのきびしい経済で適合されはしなかったことであろう。自然の創作者は、考えても及ばないほど強力なのだ。彼の力は完全に無尽蔵ではないにせよ、偉大だと想定されている。それにまたわれわれが判断できるかぎりでは、彼が彼の被創造物たちを取り扱うに際して、彼にこのような厳密な倹約を守らせなければならないなんらの理由も存しないのだ。仮に彼の力が極端に制限されていたとすれば、もっとわずかの動物を創造し、これらの動物にもっと多くの能力を、彼らの幸福と維持のために付与すればむしろよりよかったところなのだ。自分の在庫で仕上げられそうな程度を越えた設計を企てる建築者は、決して思慮に富むとは評価されない。

人生における悪事の大部分を癒すために、僕は人間が鷲の翼、雄鹿の駿足、雄牛の実力、ライオンの武器、ワニとか犀の外皮を持つべきだとは要求しない。まして僕は天使とか童天使《ケルビュウム》の賢さなど求めはしない。僕は人間の魂の唯一つの力ないし能力の増大で満足する。人間に勤勉と労働へのもっと大きな傾向、精神のもっと力強い活力と活動性、仕事と尽力へのもっと一貫した性向を付与させよ。全人類に多くの個人が習慣と反省によって到達できるのと同等な勤勉さを、生まれながらにしてもたせよ。そうすれば悪事がなんら混入していないもっとも有益な結果が、このような付与の直接で必然的な結果なのである。人生の自然的災害と同じく、ほとんどすべての道徳的災害は怠惰から発生する。そこでわが人類がその体格のもともとの構造によってこの悪徳ないし欠陥から免れていたとしたならば、土地の完全な耕作、技芸と手工業の向上、あらゆる仕事と義務の正確な成就がただちに次いで生ずる。そして人々は、もっともよく統御された政府によってさえ、あれほど不完全に到達されているあの社会状態に一挙にして完全に達することができるであろう。しかし勤勉は一つの力であり、しかもあらゆる力の中でもっとも価値あるものなのだから、自然はそのいつもの慣習的な格率に従ってこの力を人間に非常にもの惜しみながら付与し、人間の成果のために人間に報いるというよりもむしろ、力の欠如のために人間をきびしく罰しようと決意しているように思えるのだ。自然はもっとも激しい必要性のほか何ものも人間を強要して労働させることがあり得ないように、人間の体格を考案したのだ。また自然は人間のあらゆるその他の欠乏を利用して、勤勉のこの欠乏を少なくとも部分的に克服し、また本来は人間からとりあげることを適当と考えた能力の多少の分け前を人間に付与する。ここにおいてわれわれの要求は極めてつつましやかであり、それ故一層理性的であると認められてよいであろう。もしわれわれがよりすぐれた洞察や判断、美に関するより繊細な趣味、仁愛や友情へのより敏感な感受性の付与を要求したとすれば、われわれは不敬虔にも自然の序列を破ろうと主張しており、われわれは存在の一段高い階級に高まろうと欲しており、われわれが要求する贈り物は、われわれの地位と身分に適していないのだから、われわれにとって有害であろうといわれたことであろう。しかし、辛いことだが、僕はあえてそれをくり返すが、辛いことだがこれほど欠乏と必要にあふれた世界に置かれるとは、そこではほとんどすべての存在や要素がわれわれの敵であるか協力を拒否するのに……、そのうえにわれわれは、われわれ自身の気質と戦わなければならず、しかもこのような多様な災害からひたすらかばってくれることのできるあの能力を、われわれは奪われているのだ。

　宇宙の悲惨と悪事の発生する源である第四の事情は、自然のこの偉大な機構の一切の源泉と原理の不正確な仕事ぶりである。宇宙の部分であって何かの目的に役立つようには思えず、またその部分の除去が、全体に、目に見えた欠陥や無秩序を産み出さないような部分がほとんど存在しないことは、認められなければならない。諸部分はすべてが、一緒にかかわり合っている。そしてどの一つも、ほかのすべてに多少の程度の差はあれ、影響せずに手を触れられえない。しかし同時に注意されなければならないことは、これら諸部分ないし諸原理のどれ一つとして、いかに有益であるとはいえ、それらの有用性が存している領域内に厳密にとどまっているような形で正確に適合されてはいないということである。むしろそれらは、そのすべてが、機会さえあれば一方ないし他方の極端へと走って行く傾向がある。それは、あたかもこの偉大な生産物が製作者の最後の仕上げの手を受けなかったのではないかと思えるくらいである。それほど、どの部分も完成には遠く、また各部分を仕上げる手際もそれほど粗雑なのである。かくして風は地球の表面にそって蒸発気を伝え、また航海する人々を助けるのに必要とされるのだが、嵐や台風にまで高まるとなんとしばしば有害となることだろう。雨は地上のあらゆる植物や動物を養うのに必要だ。しかしなんとしばしば雨は不足することか。なんとしばしば過剰なことか。熱はすべての生命と生長に必要だ。しかしそれは必ずしも適当な割合で見出されない。身体の体液と分泌液の混合と分泌に、動物の健康と繁栄が依存している。しかし諸部分は、その本来の機能を規則正しくは果たさない。野心、虚栄心、愛、怒りのような精神のあらゆる情念以上に有用なものがあろうか。しかしなんとしばしばそれらはその限界を破り、世の中に最大の異変を惹起することか。過剰あるいは不足によってしばしば有害と化さないほど有用なものは宇宙には何もないのだ。また自然は、必要な正確さをもって一切の無秩序ないし混乱に対し対策を講じてくれていないのだ。この不規則さも、恐らくはどの種類をも破滅さすほどに決して大きくはないであろう。しかしそれはしばしば個体を破滅と悲惨にまき込むに足りるのだ。

こういう次第で、これら四つの事情の協力に一切ないしは大部分の自然的災害が依存しているのだ。すべての生物が苦痛を受けつけなかったとすれば、あるいはまた世界が特殊な意志作用によって管理されたとするならば、災害は宇宙に決して入り込むことができなかったことであろう。また動物は厳密な必要性が要求する以上に、力と能力の大きな手持を付与されていたならば、あるいは宇宙のさまざまな源泉と原理がつねに正当な平衡と中庸を維持するように正確に作られていたとしたならば、われわれが現在感じるところに比較して、非常にわずかな悪事しか存在しなかったにちがいない。それではわれわれはこの際、なんと判定したらいいのだろうか。これらの事情は必然的ではないのだ、またそれらは宇宙の考案に際して容易に変更されていたかもしれなかったのだ、とわれわれは言うべきだろうか。このような断定は、これほど盲目的で無知な被創造物にとってはあまりにも僭越に思える。われわれはわれわれの結論に関してもっと謙虚であろう。われわれは認めようではないか、もし神の善性が（人間の善性に類する一善性のことだが）、なんらかのア・プリオリの一応の論拠にもとづいて確立されることができたとすれば、これらの現象はいかにわずらわしくとも、あの原理をくつがえすには足りないであろうし、むしろなんらかの未知なやり方で、その原理を容易に調和することであろうよ。しかし、さらに主張しようではないか、この善性は前もって確立されたのではなく、現象から推論されなければならないのだから、宇宙にあれほど多くの悪事が存する間は、また人間悟性がこの種の主題に関して判断することを許されているかぎりにおいて、これらの悪事があれほど容易に対策を講じられてきたように思われる間は、そのような推論の根拠はあり得ないのだと。僕は懐疑論者なのだから、面白からぬ外観が、僕の一切の論考にもかかわらず君が想定するような諸属性と両立できると認めるわけにはいかないよ。なんといっても、確かにあの種の現象は、これらの属性を決して立証できないのだ。このような結論は懐疑主義から由来できるのではなく、現象から、またわれわれがこれらの現象からひき出す論考への確信から生じなければならないのだ。

この宇宙を見まわしてみたまえ。生命をもち、有機体で感覚をもち、行動する、なんと莫大な存在物がみられることだろう。君はこの驚異的な多様と多産に感嘆する。しかしこれら生きている存在、観察に価いする唯一の存在物を、今少し厳密に検査したまえ。なんとそれらは、お互いに敵対的であり破壊的であろう。なんとそれらのすべてが自分自身の幸福のためには不十分なことか。観察者にとってなんと軽蔑に価いし、あるいは醜いことであろう。全体が示しているのは盲目的自然の観念以外の何ものでもない、つまり、生命を与える偉大な一原理によって受胎させられ、おのれのふところから見境いも、親らしい心遣いもなしにその片端で生まれそこないの子供たちを注ぎ出している盲目の自然の……。」

ここでマニ教の体系が、難問を解決するのに適当な仮説として浮かび上がってくる。そして確かにある点では、この仮説は大変もっともらしいし、また人生においてあらわれる善と悪の異常な混合に関してほんとうらしい一種の説明を与えることにより、一般の仮説以上の蓋然性を持っているのだ。しかし、もしわれわれがこの反面、宇宙の諸部分の完全な整合と一致を考察すれば、われわれは宇宙の中に悪意的な存在の善意的存在との戦いのなんらのしるしを見出さないであろう。確かに感覚をもつ被創造物の感情の中には、苦痛と快楽の対立が存している。しかし自然のすべての作用は熱さと冷たさ、湿り気と乾き、軽さと重さのような諸原理の対立によって行なわれるのではあるまいか。真の結論は、あらゆる事物の根源的起源がこれら一切の諸原理に全く無関心であり、暑さと寒さ、あるいは乾きと湿り気、あるいは軽さと重さの場合同様に、悪より善を重視するということはないのだ。

宇宙の第一諸原因に関して四つの仮説がたてられ得よう。すなわちそれらは完全な善性を付与されているということ、すなわちそれらは完全な悪性をもつということ、すなわちそれらは対立的であり、善性と悪性の両方をもつということ、すなわちそれらは善性も悪性ももたないということ、以上の四つである。混合的諸現象は、上述の前者二つの非混合的原理を決して立証できない。また一般的法則の整合性と不動性は、第三の仮説に反すると思われる。そこで、第四の仮説が他を圧してもっとも蓋然的と思われる。

僕が自然的災害に関して述べたことは、ほとんどないしは全く変更なしに道徳的災害にも当てはまるであろう。そしてわれわれは至高存在の仁愛が人間の仁愛に類似している以上に、その方正が人間の方正に類似していると推論するなんらの理由をもたないのだ。それどころか、われわれは神からわれわれが感じるような道徳的情操を排除するさらに大きな理由をもっていると考えられそうだ。というのも多くの人の意見によれば、自然的災害が自然的善事に対する以上に、道徳的災害は道徳的善に対してはるかに優勢だからなのだ。

しかしこれが仮に認められたとしても、また人類に存している美徳が悪徳よりもはるかに優勢であると承認されたにしても、なおかつ宇宙になんらかの悪徳がとにかく存するかぎりそれをどう説明するかが、君たち、神人同形同性論者を大いに悩ますことだろう。これに対して、君たちは第一原因に助けを求めることなしに原因を帰さなければならない。しかしすべての結果は一原因をもたなければならず、またこの原因が他の一つの原因をもつはずなので、君たちは無限の連続を行なうか、一切の事物の究極的原因である例の根源的原理にとどまるかしなければならないのだ……。」

「まて、まて」とデメアが叫んだ、「君は想像力にかられて、どこまで疾走していくのかね。僕は神的存在者の不可解な本性を立証し、またすべての事物を人間の規準や標準で計ろうとするクレアンテスの原理を否認するために、君と協定したのだ。ところが今、僕の見るところ、君は最大の自由思想家や不信家のあらゆる話題に駆けこんでいるよ。そして君が外観だけでは信奉していたあの神聖な本義を裏切っているよ。それじゃ、君は人知れずに、クレアンテスその人以上に危険な敵ではないか。」

「なんだい君は、今頃になってそれに気付いたのかい」とクレアンテスが答えた、「いいかね、デメア、君の友人フィロは初めからわれわれ二人を出しにして面白がっていたのだよ。だから正直いって、われわれの世俗的神学の無分別な論考は、彼に全く絶好な嘲笑の手がかりを与えただけのことだよ。人間理性の全体的脆弱さ、神の本性の絶対的な不可解さ、人間の大きなそして普遍的な悲惨さとさらに大きな悪辣さ、これらは確かに正統の神学者や学者によってあれほど好んで珍重される異常な話題だ。事実、愚昧と無知の時代には、このような諸原理が信奉されて差し支えなかったろう。そしておそらくいかなる物の見方も、このような人類の盲目的驚嘆、不信感および憂鬱を奨励する見地ほど、迷信を促進するのに適してはいないだろうよ。しかし現在では……」

「あのご尊師たちの無知を」とフィロが口をはさんだ、「そんなに攻撃するなよ。彼らは、時代とともに自分たちの文体をどう変えたらよいか知っているよ。以前には、人生は空虚と悲惨である、と主張し、人間の身に起こりやすいこれら一切の悪事や苦痛を誇張するのが、もっとも人気のある神学的話題だった。しかし近年では、われわれの見るところ、神学者たちはこの立場を撤回しはじめ、今のところまだいくらかためらいがちではあるが、現世においてさえも、災害よりも多くの善事が、苦痛よりも多くの快楽が存していると主張しだしている。宗教が完全に気分や教育に依存していた時代には、憂鬱を奨励するのが適当と考えられていた。事実、人類はこういう気分のときほど、決してそれほどやすやすと優越した諸力に助けを求めるものではないからね。しかし人々は今や原理を形成し、帰結をうることを学んだのだから、手口を変えて、少なくともある種の調査や検討に耐えるような論証を用いることが必要だ。この変更は、僕が以前に懐疑主義に関して指摘したのと同一のものだよ（それも同一の原因からだが）。」

このようにフィロは、最後まで彼の反対精神と既成の見解への彼の批判をもち続けた。しかし私が観察できたところでは、議論の後半をデメアは全く面白からず思ったようだ。そこで、彼はそのあとすぐ機会をとらえて、何かの口実で一座を立ち去った。

第十二部

デメアが立ち去ったのち、クレアンテスとフィロは、次のようなかたちで会話を続けた。「君が同席している間は」とクレアンテスが言った、「われらが友、デメア君は、この論題を再燃させる気持がほとんどないらしいね。それに事実、フィロ、僕としてはこれほど崇高で興味深い主題なのだから、君たち二人のひとりひとりと別々に論議してみたいと思うよ。君の論争心に、君の俗衆の迷心への嫌悪が加わるため、君は論争を始めると、異常に行き過ぎてしまうのだ。しかも、その際どのような神聖なものでも、どのような荘厳なものでも、たとえ君自身そう受けとったものでさえも、君は容赦しないのだ。」

「僕は正直に言わなければならないことだが」とフィロが答えた、「自然宗教という主題について僕は他のどれよりも安心して口がきけるのだ。その理由は一つには、僕の知るかぎりこの問題でどのような常識人にもせよ、そのような人のもつ諸原理をそこなう可能性が、僕には決してないからなのだ。また二つには、僕を一常識人としてみてくれる人なら誰でも、僕の意図を誤解することが決してあるまいと安心しているからだ。特に君はそうなのだ、クレアンテス、君とは隠しだてのない親友づきあいをしている仲だからね。君は感じとってくれることだろうが、僕の勝手な会談や、僕の特異な論証への偏愛にもかかわらず、心に刻印されたこれほど深い宗教観をもつ人間や、あるいは自然の示している人知では解きがたい工夫や考案の中で、神が理性に姿をあらわしているというので、神へこれほどねんごろな尊敬心を向けている人間は〔僕の〕ほかにはいないのだ。目的とか、意図とか、計画とかというものは、いついかなるときでも、どれほど不注意な、どれほど愚鈍な思惟者の心をも打つものだ。それにそういうものを、いつまでたっても拒否するほど、不条理な体系にこり固まることなど誰にもあり得ないのだ。自然は何物をも無駄には行なわないということは、なんらの宗教的意図なしに自然の所産の瞑想からだけで、あらゆる学派において確立されている一格率である。そしてこの真理への不動の確信から、解剖学者なら新しい一器官ないしは一導官を観察した場合、その用途と目的をも発見するまでは決して満足しないことだろう。コペルニクス体系の一つの偉大な基礎は次の格率だ。すなわち自然はもっとも簡潔な方法によって作用し、いかなる目的に対してももっとも適切な手段を選ぶ、ということだ。そして天文学者はしばしば、思いもよらずに敬虔と宗教のこの強力な基盤を据えているのだ。同じことが哲学の他の諸部分にもみられる。このようにして、すべての諸科学が、われわれを知らず知らずに導いて、一つの最初の知的な創造者を認めさせるに至るとほとんど言ってよいのだ。しかもそれら諸科学の権威は、それらが直接にこのような意図を告白していないだけに、しばしば一層大きいのだ。

うまいことを言うなあと思って聞いたのだが、人体の構造についてガレノス(1)がこんなことを言っているよ。人間を解剖すると、彼の言うことによると、約六〇〇以上の異なった筋肉が見つかるそうだ。そしてこれらの筋肉をしかるべく考察する人は、そのおのおのの中に、自然が少なくとも一〇種類の異なった状況を適合させて、自然の意図した目的に到着しようとしているに相違ないことを発見するだろうということだ。その状況とは、適切な形状、適宜な大きさ、いろいろな目的の正しい配置、全体の上部ないし下部の位置、いろいろな神経、静脈および動脈の適当な挿入だ。この結果、筋肉の中だけでも六〇〇〇以上のいろいろな見地や意図が形成され、実行されているのに相違ないのだ。骨は彼の計算によれば二八四あるという。それぞれの構造の中で目指されている異なった意図は四〇以上になるという。このような単純で同質な諸部分の中においてさえ、技巧が驚くほど示されているではないか。しかし、もしわれわれが皮膚、靭帯、血管、腺、体液、五体のそれぞれを考察すれば、あれほど巧みに適合されている諸部分の数と複雑さに比例して、なんとわれわれは驚嘆の念におそわれずにはいないことであろう。このような探求をわれわれが続ければ続けるほど、われわれは技術と知恵の新たな場面を見出す。しかしなお遠方には、われわれの手の届く範囲をこえてさらに遠くの諸場面が、諸部分の繊細な内部構造や脳の組織や性殖管の構造などの中に、はるかに見えるのだ。このような技巧は、動物のそれぞれの異なった種類の中で驚くべき多様性で、またそれぞれの種類を形成するに際しての自然の異なった意図に適合された正確な適切さをもってくり返されている。そこで仮にこれらの自然諸科学がなお不完全であったにもせよ、ガレノスの不信心が、これほど強烈な現象に対抗できなかったとするならば、現在なお至高な知性に関して疑いを抱くことができる哲学者は、なんという強度の執拗な頑迷さを、この時代において抱いてしまったものかというほかはないではないか。

仮に、僕がこの種の哲学者の一人に（といってもありがたいことに、その数は極めて少ないのだが）出会うことができたならば、彼に尋ねてみたいと思う。仮に一人の神が存在すると仮定しても、その神がわれわれの感官には直接姿をあらわさないと想定した場合、その神には自分の存在について、自然の全表面にあらわれているもの以上に強力な証拠を示すことができたであろうか。そのような神は、事物の現在の組織を複写し、神自身の技巧の多くを明快に示して、どんな愚かな者でも取り間違いないようにするとか、われわれの狭い理解力に対する神の驚異的な優越性を証明しているさらに大きな技巧をわれわれに瞥見させるとか、またあるいはこのような不完全な被創造物からは多数の技巧を完全に秘匿するとか、このようなこと以外に一体先に述べたような神に何ができただろうか。ところで、正しい論考の一切の規則によれば、すべての事実はその本性が許容するあらゆる論証によって支持されている場合、討論の余地がないものとされなければならない。仮にこれらの論証がそれ自体としては、非常に多数ないしは強力でないとしても、その通りなのだ。ましてやこの論題のように、いかなる人間的想造力も論証の数を計算できず、またいかなる知性力もそれらの迫力を評価できない場合、はるかに討論の余地がないではないか。」

「さらに僕は」とクレアンテスは言った、「君があれほど強調したことにつけ加えたいのだが、有神論の原理の一つの大きな利点は次の点に存しているのだ。つまり、それは理解可能で完全にされうる唯一の宇宙開闢論体系なのだ。しかもそれは、われわれが日常この世で見たり経験したりする事柄と一種の強力な類比をあらゆる面で維持することが可能なのだ。宇宙を人間の考案した一機械にたとえることは、極めて明瞭で自然であり、また自然の中における秩序や意図の極めて多くの事例によって正当化されているので、偏見を持たないすべての人の理解力に直接に触れ、至るところで賛同を得ずにはいない。この理論を弱体化しようと試みる人は誰でも、これのかわりに何か他の精密で確定的な理論を樹立することによって、成功を意図することはできない。そういう人にとっては、疑念や難点を持ち出せれば十分である。また事物の迂遠で抽象的な見方によって、この際、彼の希望の最大限度をなしている例の判断中絶に到達すれば足りるのだ。しかしこのような精神状態は、それ自体として不十分であることのほか、それはわれわれを絶えず宗教的仮説へと誘いこむあれほど強力な諸現象に反対して、不断に主張されることは決してできない。いつわりで、不条理な体系にも、人間本性は偏見の力のため頑強かつ執拗に固執することもあり得よう。しかしおよそいかなる体系でも、強力で明瞭な論考、自然的性向および早期の教育によって支えられた理論に反対して、人間本性がそれを支持ないし弁護するということは絶対的に不可能であると僕は思うのだ。」

「この判断中絶を」とフィロが答えた、「僕は当面の事例についてはほとんど可能と思わないので、言葉の上の論争の幾分かが通常、考えられる以上にこの議論の中に介入しているのではないかという気がするのだ。自然の諸作品が技芸の所産に大きな類比を帯びているということは明白だ。そして正しい論考のあらゆる規則に従って、われわれはそもそもそれらに関して論証する以上は、それらの諸原因が一種の比例的な類比を持つと推論すべきなのだ。しかしそこにはまた著しい相違も存しているので、われわれは当然、原因の中に一種の比例的相違を想定する。また特に、われわれが人類の中に観察したことのあるいかなる力と活力よりも、はるかに高度な力と活力を至高原因に帰さなければならない。そこでこの際、神の存在は明白に理性によって確証される。そしてもしわれわれが、これらの類比を根拠に、神と人間精神との間に当然想定することが可能な大きな相違にもかかわらず、それを精神ないし知性とそもそも呼ぶことができるかどうかを問題にするならば、それは単なる言葉の上の討論にすぎないではないか。誰も諸結果の間の類比を否定はできない。原因に関して探求をわれわれが差し控えることはほとんど可能ではない。このような探求から正当に結論されることは、原因もまた一種の類比をもつということだ。そこで、もしわれわれが第一にして至高な原因を神ないし神性と呼ぶことで満足せずに、表現を変えたいと欲するならば、われわれは彼を精神ないし思惟と呼ぶ以外になんと呼び得ようか。彼は正にこれらに著しい類似を帯びていると想定されるではないか。

健全な理性を備えたすべての人間は、哲学や神学の研究の中にあれほど満ちあふれている言葉の上の討論に嫌気がさしているのだ。そしてこのような弊害に対する唯一の対策は、すべての論証にあらわれてくる諸観念の明晰な定義づけや、精密化や、また用いられている諸術語の厳密で統一的な使用から生ずるに違いないということは周知のことだ。しかし言語や人間の諸観念の本性そのものから、不断の曖昧さに巻き込まれているような、そしてどれほど注意しても、ないしはどのような定義付けをしても、決して理性による確実さないし精密さに到達できないような一種の論議も存在しているのだ。これはなんらかの性質ないしは状況の程度に関する論議なのだ。ハンニバルが一人の偉大な人間であるか、あるいは非常に偉大な人間であるか、あるいは最高度に偉大な人間であるかどうか、クレオパトラがどの程度の美貌を持っていたか、リヴィウス(3)ないしツキディデス(4)がどのような賞辞に価いするかを、人々が未来永劫にわたって議論しても、その論議のなんらかの結論を出すことはできないだろう。討論者たちはこの際、彼らの意味の点では一致し、しかも用語の点では異なるかも知れない、あるいはソノ逆ノ例モ可ナリ。が、いずれにせよ、お互いの意味に到達できるようにと彼らの用語を定義づけることは決してできないであろう。なぜならば、これらの諸性質の程度は、量ないし数とは違って、討論に際して規準となりうるような、いかなる正確な計量をも受けつけないからだ。有神論に関する論争がこの種の性質のものであり、したがって単なる言葉の上のものにすぎないか、あるいはおそらく、うまくいってもいよいよますます手の施しようもなく曖昧であるということは、ほんのわずかの探求で明らかになるであろう。僕は有神論者に尋ねたいのだが、人間の精神と神の精神との間に、大きなそして理解不可能であるが故に計量不可能な相違が存しているということを有神論者は認めないのかと。彼が敬虔であればあるほど彼は一層容易に相違の存在を認めるであろうし、またいよいよますます相違を大きくしていく傾向を持つことであろう。それどころかこの相違がどれほど大きくされても際限のないような性質のものだ、と主張するかも知れない。次に僕は無神論者に目を向けるが、この無神論者は僕の主張によれば、単に名目だけのものであり、決してまじめに無神論者であるわけではないのだ。さて、僕はこの男に質問するのだが、この世界のあらゆる部分に見られる一貫性と明らかな共感から考えて、自然の一切の作用の間には、あらゆる状態およびあらゆる時代において一定度の類比が存しないかどうか。カブラの腐敗、動物の発生および人間の思惟の構造は、お互いになんらかの遠い類比をおそらくは帯びている活力ではないかどうか。彼がこれを否定することは不可能だ。彼はこれを容易に認めるだろう。この譲歩をえた上で、僕はさらに彼を追いつめて、質問しよう。つまり、最初にこの宇宙に秩序を整えて今なおそれを維持している原理もまた、自然の他の諸作用と、なかんずく人間の精神や思惟の組成と、ある遠い目に止まらないような類比を帯びているということはありそうではないかと。いかにしぶしぶとはいえ、彼は同意せずにはいられない。こうなると一体、と僕はこの二人の敵対者たちに叫ぶわけだが、君たちの論争の主題はどこにあるのだ。有神論者は、原初的な知性が人間理性と非常に異なっていることを認めている。無神論者は、秩序の原初的な原理が人間理性とある遠い類比を帯びていることを認めている。おふたり方、君たちは程度に関して争い合い、そしてなんらの精密な意味も、またしたがってなんらの決定も受けつけない論議に踏み込もうとするのか。万一、君たちがあれほど執拗だとしても、僕は君たちが知らず知らずに立場を変えていくのを見て驚きはしないにちがいない。というのはその間、一方では有神論者が至高存在と脆弱で不完全で変わりやすく移ろいやすく、そして死滅する被創造物との間の差異を誇張し、他方では無神論者が、自然の諸作用の間にあらゆる時代、あらゆる状態、またあらゆる位置に見られる類比を強調しているからだ。そこで、討論の真の論点がどこに存しているのかを考察したまえ。そして君たちが討論を棚上げすることができないというならば、少なくとも君たちの敵意を癒すように努めたまえ。

さて、ここで僕も正直に認めなければならないのだが、クレアンテス、自然の所産は、われわれの善意や正義の結果に対してよりも、われわれの技芸や考案の諸結果に対してははるかに大きな類比を持っているのだから、神の道徳的諸属性が人間の美徳に類似点を持つ以上に、神の自然的諸属性は人間の諸属性に対して一層大きな類比を持つと推論して当然なわけだ。しかし、この帰結はなんであろうか。それは人間の道徳的諸性質が、その性質上、人間の自然的諸能力よりも欠陥的であるということにほかならない。なぜならば、至高存在は、絶対的かつ全く完全であると認められているのだから、この存在ともっとも異なるものはなんであれ、厳正と完全の至高な基準からもっとも遠く隔たっているからだ。(＊5)

これが、クレアンテス君、この問題についての僕のいつわりのない意見だよ。しかもこの意見は、君もご存知のごとく、僕がこれまでずっと尊重し抱いてきたものなのだ。しかし真の宗教への僕の尊敬の念は、俗衆の迷信への僕の嫌悪と正比例しているのだ。だから僕は正直に言うが、そのような俗衆の諸原理を、時には不条理なほどまで、時には不敬虔なほどまでおし進めて、一種特別な楽しみを味わったりするわけだ。また君だって気づいていると思うけど、すべての信心家は不条理よりも不敬虔を大いに憎悪するにもかかわらず、一般には等しくこの両方の過ちをおかしているものなのだ。」

「僕の性向は」とクレアンテスが答えた、「確かにその逆を向いているよ。宗教はどれほど堕落していても、なおかつ全くの無宗教よりすぐれているのだ。死後の状態についての教義は、道徳にとって極めて強力で不可欠な保証なのだから、われわれはそれを決して放棄したり無視したりすべきではない。なぜなら、有限で一時的な報酬や処罰さえ、われわれが日常目にするように、あんなに大きな効果を持つとすれば、無限で永遠の応報からどれほどはるかに大きな効果が期待されても当然ではないか。」

「それでは」とフィロが言った、「もし俗衆の迷信がそれほど社会に有効とすれば、あらゆる歴史が、世事に及ぼす迷信の有害な結果の記述であれほど満ち満ちているのはどうして起こることなのか。党派、内戦、迫害、政府の転覆、圧制、奴隷制度などというのは、迷信が人の心を支配した場合につねに生ずる不幸な結果だ。宗教的精神がある歴史の記事に述べられれば、必ずそれに伴って生ずる不幸の惨状の詳細に、やがてわれわれが出会うことは確実なのだ。だから迷信が見られたことも、聞かれたこともないような時代ほど幸福で繁栄した時はあり得ないのだ。」

「君が指摘したことの理由は」とクレアンテスが答えた、「明瞭だ。宗教の本来の仕事は、人々の心情を規制し、彼らの行為を人道化し、節制、秩序、および服従の精神を注入することだ。それにその作用は人の耳目をひかずに行なわれ、かつ道徳と正義の諸動機をもっぱら強制するばかりなのだから、それは見逃されたり、たとえば次のような動機と混同されたりする恐れがあるのだ。宗教の働きが、他と区別されて一つの別個な原理として人々に働きかける場合、それはそれ自身の本来の領域から離脱して、もっぱら党派心や野心の隠蔽物と化してしまったのだ。」

「そうだよ、哲学的で理性的な種類のものを別とすれば」とフィロが言った、「あらゆる宗教がそういうことになるだろうよ。君の理屈は、僕の事実よりも容易に予先をはずされるよ。推論が正しくないからだよ。というのは、有限で一時的な報酬や処罰が大変な影響力を持つのだから、ましてや無限で永遠の応報は、はるかに大きな影響を持たずにはいない、とされているからだ。たとえば君、われわれが目の前にある事物に対して持っている執着と、あれほど遠く不確実な対象に関してわれわれが知るかぎり、ほとんど関心が存しないという事実を考えてみたまえ。神学者たちが世間の一般的な行動や行為に反対して絶叫しているとき、彼らはいつでもこの原理を想像しうるかぎりの強力なものとして（事実その通りなのだが）呈示し、ほとんど全人類がこの原理の悪影響のもとに横たわり、彼らの宗教的利害に関しては、もっとも深刻な麻痺と無関心の状態に落ち込んでいるものとして描写するのだ。ところが、この同じ神学者たちが、自分たちの思弁的な敵対者を反駁する場合、宗教の諸動機を極めて強力なものと仮定するので、その結果あたかもそのような諸動機なしでは、文明社会が存続し得ないかのようだ。しかも彼らは、これほど明白な矛盾を恥ずかしいとも思わないのだ。経験から考えて確実なことだが、どんなけし粒ほどの自然な正直さと慈悲心でさえ、神学的理論や体系に示唆されたどれほどはなばなしい見解よりもはるかに人間の行為に大きな影響を及ぼすのだ。どの人間でも、その人のもつ自然の性向が絶えずその人に働きかけているのだ。それはいつでも心の前に現存し、あらゆる見地や考察にまざり込んでいるのだ。ところが宗教的諸動機はそれらが、およそ働く場合でさえ、もっぱら発作的断続的に作用するだけなのだ。だからそれらの諸動機が心にとって完全に習慣的になることはまず不可能なのだ。どれほど大きな重量の力も、と哲学者たちは言うのだが、最小の衝動の力と比べてさえ無限に小さいのだ。とはいえ、最小の重力も最後には大きな衝動に打ちかつことは確実だ。なぜなら引力や重力ほどの永続性をもってどんな打撃ないし強打もくり返され得ないからだ。

性向のもう一つの利点は以下のとおりだ。それは心のもつあらゆる才気煥発さを味方にとり入れる。そして宗教的原理に対抗させられた場合、それらを回避するあらゆる方法や技術をさがし出し、ほとんどつねにそれに成功するのだ。人々が彼らの宗教的義務に反対して自分たちの性向に追従する場合、人の心がどんなであるかを誰が説明できようか。またわれとわが身を納得させるために用いられる奇妙なあおり立てや弁解を、誰が説明できるだろうか。こういうことは、世間で十分に知られていることだ。だからある人間が学問と哲学の結果、神学的主題に関してなんらかの思弁的な懐疑を抱いたと聞かされたからといって、その人間によせる信頼の念が薄くなるような者は愚者ばかりである。だから宗教や信仰を堂々と宣言する人間を相手にしなければならない場合、このことは、思慮深いとして通用している多くの人々に対して、そんな人間にごまかされ、だまされないようにと、警戒させる以外の効果を持つだろうか。

さらに、われわれは考慮しなければならないことだが、哲学者たちは理性と反省を涵養しているのだから、自分たちを道徳の制約のもとに保つためには、そのような諸動機を他の人たちほど必要としないのだ。また俗衆は、彼らこそ、そういう諸動機を必要としかねないのだから、神が人間行動における美徳だけを嘉すると示すような純粋な宗教には全く理解が及ばないのだ。神に帰依さすことは、一般には軽薄な形式的遵守か、あるいは恍惚な法悦か、あるいは頑迷な妄信かであると想像されている。このような堕落の実例を見出すために、われわれは古代にさかのぼったり、あるいは遠隔の地域へと彷徨したりするまでもない。われわれ自身の間にも、ある者は、はっきりした用語で、道徳に反対して叫んだり、またもし道徳にほんのわずかでも信頼ないし信用が向けられるとすれば、それは神の恵みの確実な放擲であると表明したりするような、エジプト人やギリシャ人の迷信にも見られなかったようなひどい行跡を犯した者がいたのだ。

しかし、たとえ迷信ないしは熱狂が道徳に直接対立するものでないと仮定しても、注意力を他にそらすというそのこと自体、新しい軽薄な種類の功績の設定、賞賛と非難に関して行なわれている前後転倒な配分はもっとも有害な諸帰結を持たずにいないし、また正義と人道への自然な諸動機への人びとの愛着を極度に弱めずにはいないのだ。

また同じく、そのような行為原理は、人間行為の身近な諸動機のどの一つでもないので、もっぱら間歇的に気質に作用するのであり、そこで敬虔な熱狂的信者に、われとわが行為について満足を与え、彼にその信仰上の仕事を完遂さすためには、この行為原理は不断の努力によってかき立てられねばならない。たくさんの宗教的修業が、心はそのとき冷たく退屈をおぼえているのに、見かけ上の熱意をもって受け入れられている。偽装の習慣が次第に形づくられる。そしてごまかしと欺瞞が主要な原理となる。これが例の俗衆の批判の理由なのだ、つまり彼らによれば、宗教における最高の熱意と最低の偽善とは相容れないどころか、しばしばないしは一般に同一の個人の性格の中で結ばれているのだ。

このような習慣の悪い結果は、一般の生活においてさえ容易に想像されるところだ。しかし宗教の利害が問題の場合、いかなる道徳も熱狂的な熱中者を束縛できるほど強力ではありえない。大義名分の神聖さが、この大義を促進するため使用できるあらゆる手段を神聖化するのだ。

永遠の救済への関心ほどの重大事にもっぱら向けられた不断の注意は、慈悲的情愛を消滅させ、狭隘でこり固まった自己本位をうみ出しがちである。そしてそのような気質が奨励されると、それは慈悲と慈愛のあらゆる一般的教訓を容易にすり抜けるのだ。

こんなわけで、俗衆の迷信という諸動機は一般人の行為に大きな影響は及ぼさない。またそれらの作用も、そういう動機が支配的な事例の場合でも、道徳にとって有益ではない。

聖職者の数と権威の二つが非常に狭い範囲にかぎられるべきであるということ、また文民の役人が、彼のしゃく杖をこの危険な連中の手から永久に護持すべきだということほど、政治学における確実で間違いのない格率が他にあろうか。だから仮に民衆的宗教の精神が、社会にとってそれほど有効だとしたならば、これと反対の格率が支配的なはずなのだ。聖職者の数がより多く、彼らの権威と富がより大であれば、それはつねに宗教的精神を増大するであろう。そして聖職者がこの精神の指導権を持っているにもかかわらず、宗教のために特別な地位に置かれている人たち、それを絶えず他の人たちに叩きこんでいる人たち、したがって自分自身も宗教のより大きな分け前を摂取するはずの人たちから、なぜわれわれは、日常生活上の人並みすぐれた神聖さや、普通人以上の仁愛や節制を期待しかねるのか。そもそも現実問題として、賢明な役人が民衆的宗教に関して提案できる最大限のことが、可能なかぎり手出しをしないで、社会に関してのその種の宗教の有害な結果を阻止することだという事実は、一体どこから由来しているのか。役人がこれほど慎ましやかな目的のために試みるどの対策も、無数の障害に包囲されている。もし彼がその臣下の間に唯一つだけの宗教を認めれば、彼は不確実な見通ししかない保安のために、公的自由、学問、理性、産業および彼自身の独立についてさえものあらゆる配慮を犠牲にしなければならない。もし彼がいくつかの宗派を容認すれば、それはより賢明な格率ではあるが、彼はそのすべてに対して一種の極めて哲学的な不党不偏を維持し、そして支配的な宗派の要求を注意深くおさえなければならない。さもないと、彼は際限のない討論、口論、派閥、追及、ついには国家的内紛しか期待できない。

真の宗教は、僕も認めるが、そのような有害な結果は持たない。しかしわれわれは宗教を、それがこれまで、世の中で一般に見出されてきたままの姿で取り扱わなければならないのだ。それにまた、僕は例の有神論についての思弁的な主旨はなにも取り上げていないのだ、それは一種の哲学だから当然あの原理の有益な影響にあずかるが、同時に、極めてわずかな人たちにつねに限られるという同じような不都合さに陥らざるをえない。

宣誓はあらゆる裁判所において要求されている。しかしその権威が、なんらかの民衆的宗教からおっているのかどうかは問題だ。事態の厳粛さと重要さ、名声への配慮および社会の一般的利益への反省等こそ、人間にとっての主要な抑制力なのだ。税関での宣誓や政治上の宣誓は、正直と宗教の諸原理を強調するような人たちによってさえ、ほとんど配慮されない。だからクェーカーの行なうような〔良心的〕宣誓も、われわれの目から見れば他の誰の宣誓とも同じ立場におかれていいわけだ。僕の知るところでは、ポリュビオス(＊6)はギリシャ人の信仰の破廉恥さをエピクロスの哲学の優勢のせいだと述べている。しかしこれも僕の知るところだが、カルタゴ人の信仰は古代において現代におけるアイルランド人の証験論と同じような悪評を受けていた。もっとも、このような俗衆的批判を同じ理由で説明するわけにはいかないだろうが。ギリシャ人の信仰が、エピクロス哲学の興隆以前に破廉恥だったことはいうまでもなく、だからこそエウリピデス(＊7)も、君にこれから指摘しようと思う一節で、このような事情について自国民に対する諷刺のあざやかな一撃を加えたのだ。」

「フィロ君」とクレアンテスが答えた、「ご用心。そう行き過ぎてはだめだよ。にせ宗教に反対する君の熱意のために、真理に対する君の尊敬の念をそこなうようなことをしてはだめだよ。この原理、人生におけるこの第一の、唯一の偉大な慰めである原理、そしてまた逆境のあらゆる攻撃の真只中においても、われわれの主要な支柱をそこねてはだめだよ。人間の空想力が示唆することの可能なもっとも心地よい反省は、純粋な有神論のそれだ。この反省はわれわれを完全に善で、賢明で、強力な一存在の作品として示すからだ。この存在はわれわれを幸福のために創造したのであり、またわれわれの中に善への測り知れぬほどの欲望を植えつけることによって、われわれの存在を未来永劫へと延長させ、われわれを無数のさまざまな舞台に運びこみ、これらの欲求を満足させ、またわれわれの幸福を完全で永続的に化そうとするのだ。このような存在そのものに次いで（もし比喩が許されるならば）われわれが想像できるもっとも幸福な運命は、この存在の庇護と保護のもとにいるという定めを持つことだ。」

「このような外見は」とフィロが言った、「この上もなく好ましくまた魅力的だ。それに真の哲学者にとっては、それは外見以上のものだ。しかしこの場合も、以前の例の場合と同じように、人類の大多数に関しては外見は欺瞞的であり、宗教のうみ出す恐怖は、その与える慰めを通常はるかに越えているという事態なのだ。

一般にいえることだが、人間は悲嘆のため打ちのめされているときとか、病気で気が滅入っているときほど容易に信心に助けを求めることはないものだ。これこそ宗教的精神が悲しみの場合ほどに、喜びとは容易に結びつかない一証拠ではないだろうか。」

「しかし人間は、悩んだ場合、宗教に慰めを見出すよ」とクレアンテスが答えた。「時にはね」とフィロは言った、「しかしこう考えるのが自然だろうよ。つまり彼らが未知の諸存在の瞑想に立ち向かうような場合、彼らの気分の現在の陰欝さや憂欝さに適応して、あのような未知な諸存在の一概念を形成するのだろう。したがってわれわれの見るところ、あらゆる宗教にはものものしい心像が支配しているよ。そしてわれわれ自身、神をわれわれが描写するに際して最大限に高揚された表現を用いたあげく、堕罪者が数の点では、選良よりも無限に多数であると確言することにより、この上なく明白な矛盾に陥るのだ。

僕はあえて主張したいのだが、およそ民衆的宗教で死者の魂の状態をそのような状態が存すること、それ自体が人類にとって好ましいことだと思わすような見方で示したものは、かつてなかった。宗教のこのような繊細な典型は、もっぱら哲学の所産だ。なぜなら死は一方では目前、他方では未来の可能性の予測の中間に横たわっているのだから、この出来事は自然にとってははなはだ衝撃的であり、結果としては死を越えて広がるあらゆる領域に、一種の陰欝さを投げかけずにはいないし、また一般の人々に黄泉の国の怪物たちとか、復讐神とか、悪魔とか、業火や硫黄の奔流とかの観念を暗示せずにはいないのだ。

確かに恐怖と希望の両者が宗教には入ってくる。そのわけは、これら二つの情念は時を異にして、人間の心を激動させ、そのいずれもが、それ自体に適合した一種の神を形成するからだ。しかしある人が、陽気な気分でいる時、彼はどんな種類の仕事にでも、集まりにでも、あるいは遊びにでも適している。そして彼は自然にこれらに従事し、宗教などは考えない。憂鬱で落胆している場合、彼はもっぱら目に見えない世界の恐怖について考えめぐらしたり、またさらに深く悲痛な気分に落ちこんだりする。現に起こりうることだが、彼がこのような具合に宗教的諸見解をわれとわが思惟と空想の中へ深く刻みこんだ後に、健康なり状況なりの変化が到来して、彼の陽気さをとり戻させ、未来への楽しい展望を回復し、彼を歓喜雀躍の他の極端へと走らせるということもありうるのだ。しかし認められねばならないことだが、恐怖が宗教の一次的原理であるように、宗教の中でつねに支配的であり、かつ快楽の短い間隙しか許さないのは情念なのだ。

このような極端で熱狂的歓喜の発作が心身を疲労困憊させて、迷信的恐怖や落胆の同じような発作への道をつねに開くことはいうまでもない。それにまた平静で動揺のない精神状態ほど幸福な状態はないのだ。しかしこの状態はある人が、自分は永遠の幸福と永遠の悲惨の中間であれほど深刻な闇と不確実さの中に横たわっていると考える場合、とても維持することが不可能である。このような見解が精神の通常の枠組みをゆるがし、それを最大限の混乱に突き落とすのも不思議ではない。かくしてこのような見解は、作用の点では一切の行為に影響を及ぼすほど持続的であることはまずないとはいえ、なおかつ気分の中に著しい断絶をうみ出しがちだし、またすべての敬虔な人々に、あのようにめざましく目に止まる例の陰欝と憂欝をうみ出す傾向を持つ。

どんな意見が出されたにせよ、そのため不安や恐怖を抱くことや、あるいはまたわれわれの理性の全く自由な使用によって、その結果われわれがなんらの危険を犯すに至ると想像することは、常識に反している。そのような受けとり方は、不条理と前後転倒の双方を含んでいる。神が人間の諸情念を持ち、しかも拍手喝采に対する間断のない渇望という人間的情念の最低なものの一つを持つと信じることは、一種の不条理だ。神がこのような人間的情念を持つからといって、その他の情念、特にはるかに劣等な被創造物〔人間〕の諸見解を無視する気持を持たないと信じるのは、一種の前後転倒だ。

神を知ることは、とセネカが言っている、神を崇拝することである。他のすべての崇拝は事実不条理であり、迷信的であり、不敬虔でさえある。それは嘆願や請願や贈り物や阿諛を喜ぶという人類なみの低い状態に神をひき下げるのだ。しかしこの不敬虔も迷信の罪科の最小限にすぎないのだ。一般的に、迷信は神を人類の状態のはるか下までおし下げ、神を一種の気まぐれな悪魔として示すのだ。つまり、その悪魔は理性もなく人間味もなしに、自分の力を行使するというわけだ。そこでこの神聖な存在が、もともとが彼自身の作品である愚かな人間たちの悪徳や愚行に立腹するような性向を持ったとするならば、大部分の民衆的迷信の祈願者にとっては、確かに事がうまく運ばない結果になろう。またほんのわずかを除けば、人類の誰一人として、このような神の恩恵に価いしないことだろう。この例外とは、哲学的有神論者のことなのだが、この連中はこの神の神聖な完全性の適切な諸概念を抱いている、というよりむしろ抱こうと現に努力しているからだ。同じく、この神の共感と寛大さを受ける資格を持つ唯一の人たちは、哲学的懐疑論者ということになろう。これもほとんど同じように極めて数少ない学派であり、彼らは彼ら自身の能力に対する本性的な不信感から、このような崇高なまたこのように非凡な主題に関しては、一切の判断を中断するか、ないしは中断しようと努めるのだ。

自然神学の総体がある人々の主張に見られるごとく、一つの単純な、多少曖昧とはいえ、少なくとも無限定な命題――つまり、宇宙における秩序の原因ないし諸原因は、人間の知性とある遠い類比を帯びているらしいという命題――に帰結するとすれば、もしもこの命題が、拡大、変更ないしはより特殊な説明の可能性を持たないとするならば、もしもそれが人間生活に影響を及ぼすなんらの推断を提供せず、つまりなんらの行為ないしは行為中絶の源となり得ないとすれば、さらにまたもしもこの類比が、不完全とはいえ、人間の知性以上には及ぼされ得ないものであり、精神の諸性質にまで移入されることは、まずあり得ない。とすれば、もしも現実にこれが事態だとすれば、どれほど詮索的な、瞑想的な、そして宗教的な人間でも、今述べた命題にそれが出現するごとに率直で哲学的な同意を与え、かつこの命題が拠りどころとしている論証が、それに反対して向けられている諸反論を超越していることを信じること以外に何ができようか。ある種の驚嘆が事実、対象の偉大さから自然に生じてくるだろう。対象の曖昧さからは、ある種の憂鬱が。また人間理性が、これほど非凡で壮大な問題に関してこれ以上十分な解決を与え得ないという人間理性へのある種の軽蔑も、当然生じてこよう。しかしクレアンテス、君はどう思うね、善意な心の持ち主が、この際抱くと思われるもっとも自然な感情は、天が人類にある特別な啓示を与えることにより、またわれわれの信仰の神聖な対象の本性、属性および作用を露呈することにより、この深刻な無知を解消してくれるであろう、少なくとも軽減してくれるであろう、という切々たる欲望および期待なのだ。人間は、本性的理性の不完全さについて正当な感覚を心得ていれば、最大限の熱望をもって啓示された真理へと飛翔して行くであろう。その反面、高慢な独断論者は哲学の助けだけによって完全な神学体系を建設できると思い込んでいるので、それを越えたいかなる助力をも軽蔑し、このような外来の教師を拒否するのだ。哲学的懐疑論者であるということは、一文人〔一知識人〕にとっては、健全で信仰を持ったキリスト教徒であるための、最初のそしてもっとも本質的な第一歩なのだ。これこそ僕がパンフィロスに注意を払ってもらいたいと心から勧めたい一命題なのだ。またクレアンテスも、彼の弟子の教育と育成に、僕がこんなにながながと介入したことを許してくれるだろうと思うよ。」

クレアンテスとフィロは、この会談をこれ以上、ながながと続けなかった。そしてこの日のすべての論考ほど、私に大きな印象を与えたものはかつてなかったので、私は正直に告白するが、全体を真剣に検討した結果、フィロの諸原理の方が、デメアの主張よりも蓋然性を持つということ、しかしクレアンテスの諸原理がさらに真理に近接していると思わざるを得ない。

原注／訳注

（＊印は原注を示す）

第一部

＊1 "De repug〔nantio〕Stoicorum"〔プルタルコスによる『ストア哲学者たちの反駁について』第九章、一〇三五で述べられているクリュシッポスの言葉。

プルタルコス　Plutarchos, circ. 45—125 A.D.　ギリシャの哲学者・伝記作者でペリパトス学派のアンモニオスの弟子。プラトンを奉じストア学派の反対者であるが、その影響を受く。著書に『英雄伝』等がある。

クリュシッポス　Chrysippos, circ. 280—209 B.C.　ストア学派の哲学者。クレアンテスのあとをうけストア学派を主宰し、アテナイで最も勢力ある学派にする。懐疑論的アカデメイア学派に反駁し、論理的概念構成および弁証的研究をなす。世界燃焼説および世界更新説を唱え、原質たる火と世界霊魂を同一視した。〕

2　ゼノン　Zenon, 335—263 B.C.　ソクラテス、キニク学派、アカデメイア学派等の影響を受く。アテナイのストア・ポイキレに学校を開設し、ながく教授するが、後、自殺したという。彼の哲学は、自然学においてはヘラクレイトスに復帰し、他方アリストテレスの影響をうけた。論理学および認識論においては、アンティステネスやメガラ派に影響された。また倫理学においてはキニク派の系統を追い、賢者の理想をたて、徳を唯一の善とし、不徳を唯一の悪とし、その他の貧、死、苦等はそのどちらでもないものとした。

3　"Paradise Lost", 1167〔『失楽園』ミルトン John Milton, 1608—1674 の代表作。〕

＊4　L'art de penser〔『思考法』いわゆる『ポール・ロワイヤールの論理学』。アルノー　Antoine Arnauld, 1612—1694. およびニコール　Pierre Nicole, 1625—1695. の共著の論理学書『論理学。副題、思考法』"La Logique ou l'art de penser" を指す。参考箇所は第一講。「誰一人として一つの地球、一つの太陽、一つの月が存在することとか、全体がその部分より大きいか否かということを決して真剣に疑ったりはしなかった。なるほど、外的には口先だけでそのようなことを疑うと言わせることはできよう。なぜなら、人は嘘をつくことができるからである。しかし、人は自分の精神にそのようなことを言わすことはできない。このようにして懐疑主義とは、自分の言うことに関して確信を持っている人々の学派ではなく虚言者の学派である。」〕

＊5　ユエ猊下　Mons〔eigneur〕Huet〔仏訳書の注によれば、ユエはアヴランシュ司教 évêque d'Avranches. 問題の著書は『人間精神の脆弱さに関する哲学的論考（一七二三）』"Traité philosophique de la faiblesse de l'esprit humain", 1723 である。〕

6　ジョン・ロック　John Locke, 1632—1704.　イギリスの哲学者、経験論の祖。ロックの『キリスト教の合理性』

"Reasonableness of Christianity" その他参照。

7　ピエール・ベイル　Pierre Bayle, 1646—1706. を指す。その著『批判的、歴史的辞典』"Dictionnaire critique et historique" その他をもって知られる。

8　フランシス・ベイコン　Francis Bacon, 1561—1626. 『随筆』"Essays" 参照。同書の「随筆第一六、無神論について」——一六二五年決定版による——に次のように記されている。「少しばかりの哲学は人間の心を無神論に傾ける。しかし哲学の深い研究が、人々の心を宗教へと連れ戻す。」Cf. "The Works of Francis Bacon", (Spedding ed.) vol. Ⅵ, p. 413.

第二部

1　マールブランシュ神父　Pēre Malebranche, Nicolas de, 1638—1715. デカルト哲学における精神と物質の二元論をあくまで固守しながら物質界に関する自然科学的知識、すなわち必然的な因果性と精神界のもつ自由との非両立性を揚棄し、かつ純粋行為としての神の自然界への不断の介入を根拠づけるために、いわゆる機会原因論を主唱した。自然現象にみられる法則は人間にとって本来不可知であり、神の意志の働きにより、われわれにとってそのように作用するように定められているのであり、自然法則の必然性とは各瞬間における神の誠実な一貫した働きの結果にすぎない。

＊2　"De la recherche de la vérité 〔où l'on traite de la nature de l'esprit de l'homme, et de l'usage qu'il en doit faire pour éviter l'erreur dans les Sciences, 1674〕" liv. 3, chap. 9. 〔『真理探求論』第三巻、第九章。引用箇所はヴラン版（Geneviève Rodis—Lewis 校訂）第一巻二七一頁。引用文中の省略箇所は「なぜならば、物質が神に存在しているなんらかの完全性に関係をもつことが明らかであるからである。」〕

3　a posteriori　カント以前の用法であるからヒュームの場合、後天的——ア・プリオリ、先天的に対比して——を意味するのではない。「原理ないし一般」すなわち、（prius 先ナルモノ）から出発して論考すること——つまり後の演繹に近い——に対して「経験ないし特殊」（posterius 後ナルモノ）から出発して原理に向かって論考すること、ないし原理を検証するために論考すること、つまり帰納に近い論考法のことをア・ポステリオリの論証と呼ぶ。かくして、argumenta apriori および argumenta a posteriori の両者を行なうことにより demonstration が完成する。

4　シモニデス　Simonides de Ceos, circ. 556—467 B.C. シモニデスの逸話については、キケロ『神々の本性について』——第三部、訳注参考——第一巻、第二二章に述べられている。

5　ガリレイ　Galileo Galilei, 1564—1642. イタリーの数学者、自然学者、近世自然科学の創始者、力学の完成者といわれる。コペルニクス説を奉じ、地動説を主張した。監禁され、宗教裁判にかけられた。『天文対話』（一六三二）、『新科学対話』（一六三八）等がある。

第三部

1 『イリアス』"Illias" ホメロス Homeros の作といわれるギリシャ最古の大叙事詩。

2 『アェネェイス』"Aeneis" はローマ詩人ウェルギリウス Publius Vergilius Maro, 70 B.C.—19 A.D. の古典的叙事詩。

3 このストア主義的論証はキケロの『神々ノ本性ニツイテ』"De natura deorum" の第二巻、三七章に次のように述べられている。

「ココデ、アル種ノ固体デ不可分ナ物体ガ重力ニヨッテ運バレ、コノヨウニ整ッタ、コノヨウニ美事ナ世界ガ、コレラノ物体ノ偶然ナ結合ニヨッテ完成サレルト確信スルヨウナ人ガ居ルト言ウコトニ、私ハ驚カザルヲ得ナイデハナイカ。コンナコトガ行ナワレ得ルト考エル人間ハ、あるふぁべっとノ二一文字ノ無数ガ、ソレラガ黄金製デアロウトソノ他ノモノデアロウトモカマワナイノダガ、一緒ニ混ゼ合ワセラレタ場合、地面ニフリマカレタソレラノ文字カラ、えんにぃうすノ『年代記』ガスグ読メル形デ出来上ガルコトガ、可能ダトナゼ考エナイノカ、私ニハ理解デキナイ。……」以下第五部本文中の引用参照。

『神々の本性について』はキケロの対話篇の一つであり未完成作品であるが、彼の宗教観（アカデメイア学派ないし懐疑主義）をうかがわせる作品として古来有名な代表作である。内容はアカデメイア学派、エピクロス学派、ストア学派のそれぞれを代表する三名の対話であるが、その三対話者の配置も対話への導入法も、ヒュームの本対話篇と極めて類似している。おそらくヒュームがこの対話篇から示唆をうけて、本対話篇を執筆したのであろう。その他クレアンテス、フィロの二人はキケロと深い関係のある実在人物であり、この点も両者の思想的関連に関する傍証の一つといえよう。

4 プロティノス Plotinos, 204—269. エジプトのリュコポリスに生まれた。新プラトン学派の代表者といわれる。ポリピュリオス編纂の『エンネアデス』"Enneades" 六巻がある。

第五部

*1 第二巻、一〇九五—九九行。
〔ルクレティウス Titus Lucretius Carus, 99—55 B.C. エピクロス学派の詩人。その詩『自然界ニツイテ』"De rerum natura" をもって知られている。〕

*2 『神々ノ本性ニツイテ』"De natura deorum" 第二巻。
〔トゥリッウスとはキケロを指す。エピクロス引用の箇所は第一巻（Loeb Lib. 版）二二頁。〕

3 エピクロス Epikuros, 341—270 B.C. ギリシャの哲学者、エピクロス学派の祖。いわゆる快楽主義で有名。

第六部

1 ルックルス Lucius Licinius Lucullus, circ. 110—57 B.C. ローマの執政官、将軍、大富豪。

2 ヘシオドス Hesiodos, 700 B.C. ギリシャの詩人。『仕事と日々』で知られる。

第七部

1 『ティマイオス』"Timaeus" プラトン Platon, 427—347 B.C. の対話篇の一つ。彼の晩年の著作といわれる。

第八部

1 形相 form と質料 matter。ここでは実体的形相(substantial form)によるアリストテレス的自然観が主張されている。したがって形相と質料という訳語を加えた。

第九部

1 この一節に述べられている主題は、カントの『純粋理性批判』における第四アンティノミーの内容をなしている。

＊2 サミュエル・クラーク Samuel Clarke, 1675—1729.〔当時の神学者。理神論的神学を主張した。ヒュームはクラークを読んで以来、宗教心を失ったといわれるが、クラークは代表的な理神論的神学者であり、当時の自然科学的世界解釈とキリスト教的神学の融合につとめた。すなわち、クラークは、彼なりに無神論者に反対するため、数学的自然的ア・ポステリオリな論証によりキリスト教的一神の存在を証明しようとつとめた。主著 "A Demonstration of the Being and Attributes of God", 1705—06. "A Discourse concerning the Unchangeable Obligations of Natural Religion", 1708," 他。またライプニッツとの論争で知られる。〕

3 クレアンテスのこの反撃は、同じく上記訳注1に指摘したカントの第四アンティノミーの反定立を暗示している。

＊4 "République des Lettres, Août 1685"〔『学芸界』一六八五年八月号〕

第十部

1 ヤング博士、同時代の詩人、ヤング Edward Young, 1683?—1765. を指すと思われる。代表作 "The Complaint, or Night Thoughts on Life, Death, and Immortality", 1742—5.

＊2 この意見はライプニッツ以前に、このドイツ哲学者ほどの偉大な名声をもった著者によってではなかったにせよ、キング博士〔不詳〕やその他わずかの筆者によりすでに主張されていた。

〔ライプニッツ Gottfried Wilhelm Leibniz, 1646—1716. ドイツの哲学者。単子論をもって知られ、独自の形而上学的神義論を展開した。またロックの機械論的原子論的経験論を批判して『新人間悟性論』を著わした。自然科学および数学の分野では空間の相対性を主張し、ニュートンと論争し、また微積分学の発見の優先権に関しても争った。論理学では「充足理由の原理」を提唱し、また普遍数学すなわち数学的客観的論理学の祖として現代にまで影響を及ぼしている。ここでは、しかし彼の社会観にもとづく楽天論が問題とされている。彼の神義論によれば、この世は神が考えうる限りの最善の世界とされているからである。〕

3 ミルトン『失楽園』第一一章。

4 カルル五世 Karl V, 1500—58, 在位1519—56. 母方の祖

父フェルナンド五世を継いでスペイン王（一五一六）、父方の祖父マクシミリアン一世の跡をうけてドイツ皇帝（一五一九）となる。宗教改革に反対する。しかし後、アウグスブルクで宗教講和を締結し、信仰の自由を認める。晩年、帝位を譲り隠退した。

5　カトー　Marcus Porcius Cato Censorius, 234—149 B.C.　ローマの政治家。ラテン散文文学の祖といわれる。ローマ史書『起源論』七巻、『農業論』他で知られる。しかし前者は散佚した。

6　仏訳書注によれば、ドライデン　John Dryden, 1631—1700 の劇 "Aurengzebe", Acte Ⅳ. からの引用という。

7　動物精神　Esprits animaux　の訳。微妙な一種の流動体で血液の中に存し、脳髄から神経を通って筋肉に至り、身体を動かす作用をすると考えられた。

第十一部

1　カリグラ　Caligula　本名　Gaius Julius Caesar Germanicus, 12—41.　ローマ皇帝（在位三七—四一）。カリグラとは兵士ののつけたあだ名で、彼がはいていた「軍隊靴」の意。初め善き皇帝であったが、即位数カ月後の重患以来性格が一変して、残酷、浪費をなし、自己の神性をも主張するに至り殺害された。

2　トライアヌス　Traianus, 52—117.　ローマ皇帝（在位九八—一一七）。スペインのバエティカ州イタリカに生れる。軍事に長じネルヴァ帝の養子となり（九七）、翌年帝の死後即位した。ローマ帝国は帝のとき最大版図を誇った。彼は内政に意を用いて救貧制度を拡充し、道路、橋梁、運河等を構築した。

第十二部

1　ガレノス　Galēnos, circ 129—199.　ギリシャの医学者、解剖学者、哲学者。数学、文法、哲学に通じ、特に医学では解剖と病理にくわしかった。アレクサンドリアで医を開業し、後マルクス・アウレリウス帝に迎えられてローマに定住する。哲学としては折衷的なアリストテレス主義をとり、論理学では第一格と一緒にされてきた第四格、すなわち「ガレノス格」を独立させた。

*2　"De formatione Foetus"〔『胎児形成論』第六章。〕

3　リヴィウス　Titus Livius, 59 B.C.—17 A.D.　ローマの歴史家。『ローマ建国史』一四二巻で知られる。

4　ツキディデス　Thukydides, circ. 460—400 B.C.　ギリシャの歴史家。初め軍人となりペロポンネソス戦争に参加。後ペロポンネソス戦争を主とする政治・軍事史、八巻を著わす。ただし第八巻は未刊。

*5　懐疑論者と独断論者との討論が全く言葉の上だけにすぎないこと、ないしはわれわれがあらゆる論考に関して容認すべきである疑念や確信の諸程度にのみ、少なくとも関していることは明白と思われる。またそのような討論は、一般には根底において言葉の上だけのものであり、なんらの精密な決定をも受け入れない。いかなる哲学的な独断論者も、意味に

関しても、またあらゆる科学に関しても諸難点が存していること、そしてまたこれら諸難点は、正常の論理的方法では絶対的に解決不可能であることを否定しない。いかなる懐疑論者もわれわれがこれらの諸難点にもかかわらず、あらゆる種類の主題に関して思惟し、信じ、論考し、かつまたしばしば確信と安心をもって同意することの絶対的な必要性に服していることを否定しない。そこで仮に学派の名に価いするとして、これら二学派の間の唯一の相違は、懐疑論者は習慣、思いつきないし性向から難点を、独断論者は同じような理由から必要性を、もっとも強調する点である。

＊6　ポリュビオス、第六巻五四章。
〔Polybios, circ. 201―120 B.C. ギリシャの歴史家。八二歳で落馬死。主著『歴史』四〇巻（前二六四―一四四までを扱う）で知られる。ただし、一―五巻は完全に、他は引用のみ伝わる。〕

＊7　"Iphigenia in Tauride"〔『タウロイのイフィゲネイア』で劇の名。作者はエウリピデス Euripides, circ. 485―406 B.C. ギリシャの三大悲劇詩人中の最後の人。彼の大胆な神話解釈と写実主義とは、常に喜劇作者の揶揄の的となったが、悲劇の大作者としてアリストファネスにすら尊敬された。しかし彼の写実的傾向は、神の祭典と結びついたギリシャ古典悲劇には合致せず、悲劇は彼以後急激に凋落した。九〇余篇の作品中、現存するのは一八篇。〕

解　説

本対話は全十二部の対話を主体となし、それにいわば序言的役割を果たしている一書簡「パンフィロスよりヘルミッポスへ」が冒頭に付された形となっている。

以下書簡ならびに各対話篇の内容を略記し、必要に応じて簡単な解説を加えたい。

〔序説〕パンフィロスよりヘルミッポスへ

この書簡は本対話篇全体の記録者であるパンフィロスが本対話篇の成立の事情、主題、各対話者の主張ないし性向等について、友人ヘルミッポスに宛てた報告を内容としている。したがって以下の十二部の対話篇の序文の役割を果たしており、いわば全体の導入部門である。この形式がキケロの『神々ノ本性ニツイテ』(De natura deorum) の先例をほぼ追っていること――もっともキケロの対話篇では本対話篇のごとく独立の書簡が付されてはいないが――がまず注意されるべきであろう。ことに主義、主張は必ずしも一致しないが、どちらも三人の異なった立場の対話者の自由な討論から成り立っていること、またヒュームが対話者に与えた名前のうち二人までがキケロと因縁の深い実在の人物であること、さらに何よりも両対話篇とも宗教ないし神が主題であること――周知のごとく古代ローマの religio はヒューム時代の宗教をそのまま意味しはしないが――キケロがヒュームに及ぼした強い影響を示唆している。現にヒュームは本書において、キケロの同対話篇からかなりの長文を引用している（第五部参照）。

さてこの書簡の内容は大別して二部門に分けられる。最初の部門は、最近でははやらない対話という形式が、自然宗教のごとき主題の場合、もっとも適しているという主張が行なわれており、いわば古典的対話形式を復活採用した弁明となっている。

次の部門はクレアンテス（理神論者）、フィロ（懐疑論者）、デメア（正統派の信心家）という三名の対話者の紹介および対話の成立の事情が簡潔に述べられている。

以上を前提にヒュームの主張を解説すれば、まず最初に対話体の採用については次のように述べられている。

1　対話体が不振である理由は、それが一体系を記述するのに適していないからである。対話篇の筆者は記述に自由を与えようとし、なかんずく著者対読者という対立関係を避けようとする。そのため下手をすれば、教師対生徒という上下関係を浮き上がらせてしまう恐れがある。

2　話題に対話性を与え、話し手の間にバランスを保てば、仲間同士の自由な討論の気分を伝えるが、下手をすると秩序、簡潔さ、正確さ等が失われて議題の筋が混乱する。

3　ではあるが、特にこういう主題に向いたテーマがいまだに存している。それが宗教の問題である。なぜなら宗教の論題は非常に明瞭で論議の余地がない。また同時に非常に重大で十分に教育される必要がある。つまり実践的問題とし、態度を決定し、実践されなければならない問題である。ところが哲学の問題はこれに対して大変曖昧で不確実である。だからそういう問題は決定的な答えが出ない。したがって理性的人間は当然違った結論を出す。だからこそ対立する諸見解が議論を交わすだけでも楽しい娯楽を提供する。したがって主題が面白いものでさえあれば、そういう書物は「人生におけるもっとも偉大で至純な二快楽を、すなわち研究と社交を」併せもつ。正にこのような観点から、自然宗教に関する対話は「哲学的対話篇」にもっともかなっているとされる。

ところでヒュームがこのように哲学的対話篇として、特に自然宗教をとりあげた理由として以下の点があげられるであろう。

1　宗教問題は勝義に実践問題であり、したがって原理は明瞭、かつ実践上重大な意義をもつ。ところが哲学問題はヒュームによれば、すべてが曖昧で不確実である。――ヒュームの懐疑主義論の本質については『本性論』の立場と『知性論』第十二章の立場にかなりの差があり、さまざまの議論があるが。――そればかりでなくこのように決定的結論がないからこそヒュームにとっては、哲学的論考は人生における最大の快楽、研究と社交を併せもつ価値ある人間的実践とされる。――この結論と青年ヒュームにおける哲学的思索そのものへの懐疑を比較せよ。

2　このように哲学問題と宗教問題は初めから相容れない。しかしヒュームが知性論でとった理由によれば、実践問題を哲学は優先させねばならない（『悟性論』第一、三章）。本対話の立場も当然、知性論の立場に立つものと考えてよい。そこでこの両者の立場を綜合して、しかも対話にもっとも向いているものとして自然宗教が選ばれたのである。すなわち自然宗教とは――さまざまな見解があるにせよ基本的には――合理論的宗教である。特にヒュームの場合、カッドワース、なかんずくクラークの影響を受けた合理論的宗教である。つまり啓示宗教の対極である。したがって、それは曖昧で「不確実」な、ではあるが、合理的な理論を前提とする哲学にもっともかなった宗教問題である。そして宗教問題としてその基本原理は明瞭でなければならず、それは実践的に「重要」であるからなおさらいろいろの立場が、いろいろに論究される必要がある。しかもそれだけに哲学の面から見れば、もっとも楽しい多様性を与えてくれるはずである。かくして自然宗教を対話体で議論するほど哲学者にとって楽しいことはない、という結論である。

3　さらにここには、宗教問題は実践上重大であるだけに、一方では「迷信」、他方では「狂信ないし熱狂」――ヒューム宗教論集Ⅲに訳出予定の「迷信と熱狂について」参照――を避けなければならないというヒュームのクールな懐疑主義的立場が働いていることが見逃されてはならない。つまり宗教者が情熱をもって自己の教義を確信し、世人を救うために活躍することは結構である。またこのような宗教的情熱こそ人間文化の発端であった(アダム・スミスの『自然科学論』やコントの歴史哲学を参照)。ではあるが、宗教的情熱ないし実践的意欲は一つ間違えると頑迷固陋な伝統主義に固執する「迷信」に陥るか、あるいは妄想的、非現実的、急進主義に目がくらんだ「熱狂」へと走りやすい。これはヒュームの生きた時代のスコットランドにおける宗教的状況から得られた体験でもあろうし、また基本的には、ヒュームが宗教に対してその意義と限界を痛感したことにより成立した一種の社会的ないし実践哲学的宗教観であろう。

そこでヒュームは――啓示宗教の問題も暗示しながら(啓示宗教といわゆる民衆宗教との関係、両者の社会的影響、それぞれの成立過程等についてのヒュームの見解に関しては『宗教の自然史』参照)――宗教問題こそ冷静に、理性的にいろいろな立場の人が自由に検討すべきである、と考える。彼がいわゆる「ニュー・ライト」ないし「穏健派」の立場に共鳴したのは、一つにはこの派が周知の如く宗教理論の面および宗教的実践の面では厳格主義をとりながら、その他の面では極めて寛容かつ自由であったためにほかならない。またこのような態度で幅広く宗教を論じれば、その「対話」の中から言葉の本来の意味で弁証法的に宗教の真の意義や社会的在り方が分るかも知れない、――もちろん懐疑主義者ヒュームはそんなことは主張しないが、――よしんば、ないしは予想のごとく何もうまれなくとも、「哲学」的実践としては研究と社交という「二つの」最大にして至純な人生の快楽を併せもった著作ができるというのである。

以上が、ヒュームが自然宗教の問題を対話としてとり上げた理由と考えられる。

次に主人公の問題であるが、書簡の相手ヘルミッポスは、もちろんこの書簡が本対話篇の序論的意味をもつのであるから読者全般を意味している。問題は対話の参加者のそれぞれの立場にある。対話の構成員としては、ヒュームの原文にあるごとく、「私」すなわちパンフィロスが記憶に基づいて書き下ろした三人の人物が登場する。まずクレアンテスは「厳正な哲学的気質」をもつ、次のフィロは「気楽な懐疑主義」をもつ、デメアは「頑固不屈な正統派信仰」を抱くとされている。ただしこれはヘルミッポス、つまり手紙の相手が、発信人であるパンフィロスの不完全な報告によって下した三者の見解についての判断である。したがってヒュームの意図は、一応このように規定した上で、以下の対話を通して読者自身、すなわちヘルミッポスがどう判断するかを問いかけているのである。そのためにこそ報告人のパンフィロスは「年が若いから三人の討論の単なる傍聴者である」と言い、かつ青年特有の好奇心から三者の対話を正確に記憶した上で対話を再現したので、内容に間違いはないと確言している。つまりヒューム自身は、三人がどういう性格かについて直接言明はしていないのである。

以上のようなヘルミッポスの意見を本対話篇〔第十二部末尾〕の結論として述べられているパンフィロスの見解と照応すれば、ヒューム自身の見地が推定できると考えられる。すなわちそこには「私〔パンフィロス〕は正直に告白するが、全体を真剣に検討した結果、フィロの諸原理の方が、デメアの主張よりも蓋然性をもつということ、しかしクレアンテスの諸原理がさらに真理に近接していると思わざるを得ない」と結論されている。

ではあるが、序言の立場は本対話の詳細を知る以前のヘルミッポスの立場であり、結論の解釈は本対話を傍聴した青年パンフィロスの見解である。したがってこの二人にかくれてヒューム自身は、どの立場がどうとは一言も言っていない。これは一方では宗教的迫害──『宗教の自然史』発刊にまつわるさまざまな宗教的迫害に関しては、同訳書（拙訳、一二〇─一二三頁）参照──を回避するための巧妙な文学的構成だったと思われるが、他方では何がヒュームの真意かという点に関して決定的な鍵を与えない結果となっている。デメアは論外としても、クレアンテス＝ヒューム論と、フィロ＝ヒューム論の二つがこれまで述べられてきている。そして前者をとる人は『宗教の自然史』にあらわれている自然宗教の尊重からヒュームはクレアンテスであると断定する。ただし、この見解は、対話篇のヒュームが『宗教の自然史』時代のヒュームと依然として同じ思想的立場にいたという前提にもとづいており、この前提ははなはだ疑わしい。いま一方のフィロ＝ヒューム説は懐疑論者ヒュームを重んずる古くからの定説ではあるが、この場合にも、ヒュームの懐疑論そのものが一貫して同一であったという仮説が必要となる。しかもこれは周知のごとく成立しない。なぜならヒュームの場合、前期と後期の間で、懐疑論という表現は同一であるにせよ、内容的にはかなり変化があり、さればこそ『本性論』と『知性論』の関連が云々されるからである。このようにしてこの『対話』の解釈の問題は、ヒュームの前期、後期における二主著の解釈と直結するのである。

次に対話篇の各部の本文を解説しよう。

第一部

本対話篇の記録者パンフィロスの父親が、クレアンテスの親友であり、かつ彼はパンフィロスの教育係でもあったという事情から、まず宗教教育の問題から対話が開始される。理神論者クレアンテスも古典的教育観から、まず論理学、続いて倫理学、次に自然学、最後に神々の本性の問題、すなわち近世の表現を用いれば「自然宗教論」が教育されるべきであると主張する。これに対して正統派信心家デメアは、クレアンテスの考え方は、自然神学を「一科学」ないし「学問（Science）」とのみ見なした考え方で、実践的道徳としては早くより敬虔心を涵養すべきであると反論する。この両者に対し懐疑論者フィロが、いわば両者を調停して盲目的な敬虔心鼓吹も実践無視の合理至上主義も共に極論であり、一方では理性の限界を認識し、他方では盲従的権威主義を開明して両者の調和を図るべきであると述べる。かくして懐疑主義者（Pyrrhonian）対ストア哲学者の対比等が論ぜられ、最後にはいわゆる積極的な懐疑主義の意義が主題とされる。つまりベーコンの言葉をかりれば、無神論はむしろ哲学の欠如から生じるのであり、真の哲学は宗教へと人を連れ戻す、とされる。つまり後の用語を用いれば、ヒュームがフィロの口をかりて述べている懐疑主義とは批判精神にほかならない。ここにヒュームがカントに連なる重大な基本的観点（Einstellung）がうかがわれる。歴史をさかのぼって表現すれば、ヒュームの懐疑主義はhuman nature に関する一種の方法的懐疑にほかならない。

第二部

第二部は信心家デメアの理神論者クレアンテスへの呼びかけから始まる。デメアは神の存在そのものを否認すれば、それは無神論者ないし不信心家の主張であり、議論が成立しないから、問題は「神の本性」が何かを知ることにある、と述べる。そして敬虔を第一義とする自分の立場も「哲学」——すなわち論考——を等しく重んじていると主張し、マールブランシュ神父を引用してその裏付けとする。周知のごとくマールブランシュは機会原因論という独自な主張により、一方では純粋行為としての完全な精神的実体である神の働きを、他方では恒常的法則に支配される物質界の序列を確立しようとした哲学者であり、彼の認識論は後のカントの批判哲学の一先駆的見地とされているのである。

これをうけてフィロが、問題は確かに神の存在ではなく神の本性に関してであると同意し、ではあるが人間には経験を介しての知識しか存在しないのであるから、神の完全性という表現自体が人間的標準とは質が違っているはずであり、結局、人知の限界を自覚せざるを得ないと述べる。

ついでクレアンテスが理神論者の立場からア・ポステリオリの論証の可能性を主張する。デメアはこれに対し、ア・プリオリの必要性を強調する。この両者の対立的主張――すなわち神の存在証明に関するいわゆる経験論的立場対合理論的見地――を前提に、フィロが独自の懐疑論を展開する。

フィロによればデメアのごとく、いわゆる超越的ないし、むしろ超絶的見地から神の精神性のみ主張してもなんら証明にはならないし、逆にクレアンテスの如く、（理性は適切に分析された場合、一種の経験にすぎない）と前提して経験を尊重するあまり、経験を――より正しくは経験一般を――可能ならしめるものを全く無視して論考しても、そのいずれも十分な論証をなし得ないのである。このフィロの主張は、認識論的にはヒュームの懐疑論そのものを示唆しており、しかも宗教論の場合、問題は単なる認識論にとどまらないだけに複雑な様相を呈している。

第三部

第三部はフィロの懐疑論に反駁してクレアンテスが改めて理神論的立場を主張し、それを今度はデメアが批判するという内容になっている。クレアンテスは当時の常套的手法により自然を書物にたとえ、その中に一つの高度の知性と目的が読みとれると主張し、したがって人間理性に類した精神的至高存在が世界に見出される、と縷説する。人間の目一つを分析してもそこに見事な構造と機能の調和、すなわち目的が存していることが発見される。とすれば宇宙には「企図と意図」が否定しようもなく発見されるではないか。

対話の記録者によれば、クレアンテスの論証にフィロは若干圧倒されたらしいとされているが、幸いにもデメアがクレアンテスに対応したと書かれている。この解説的挿入部分は、ヒューム自身がクレアンテスであるかフィロであるかという基本的解釈に関して、ある種の暗示を与えていると見られないこともない。しかし「序説」でふれているごとく、本対話の記録者の役割を果たすパンフィロスがクレアンテスの弟子であることに注意すれば、彼がクレアンテスに荷担するのは人情のしからしむるところであり、必ずしもクレアンテスがヒュームの思想的代弁者とは断定できない。

さてデメアはクレアンテスの自然宗教論に対して、いわば高い次元から頭ごなしに反駁する。ひとことで言えば「彼〔神〕のやり方はわれわれのやり方ではないのだ。」つまり神の諸属性は「完全である。しかし不可知である。」プロティノスをもち出すまでもなく、真の宗教的態度から神を考える場合、この至高存在に関して人間という低次元の存在の思惟や感情やその他一切からの類比は許されないのである。

第四部

第三部をうけて、第四部では初めクレアンテスが理神論の立場からデメアの敬虔な信心家的態度を、一種の神秘主義であると攻撃する。これに対しデメアが、人間精神と神の精神の類比の不可能性を強調して反駁する。さらにクレアンテスが、これに答えて——彼の立場からすれば当然のことであるが——デメアのごとき神秘主義的ともいうべき神概念は、一種の無神論であると応答する。ここにフィロが割って入り、独自の懐疑主義的神概念をながながと述べる。要するに彼によれば、理神論は人間精神の絶対化という僭越であり、信仰一本の敬神的態度は、これまたいわば超絶的つまりその限りにおける神秘主義的態度である。超絶ないし超越的論考の否定、換言すれば、人間の認識能力の限度内にとどまることによってのみ真に理論的かつ発展的な神学ないし神観念は把握できるという懐疑論的主張がここに展開される。

以上のフィロの主張は、歴史上の存在であるフィロ（ないしフィロン）の主張そのものであり、上に述べた積極的懐疑論の在り方を如実に示しており、ヒュームの懐疑主義の、いわば実践的半面を顕示しているといえよう。この限りにおいてこのフィロないしヒュームの主張は、この『対話篇』の草稿を密かに回読したといわれるスコットランド中庸派の神学観に軌を一にしているといえよう。また伝承によれば、本対話篇は一七八〇年、J・G・ハーマンによりドイツ語に訳されこの独訳を介してカントに影響を与えた結果、この批判哲学者の自然神学への否定的態度を強化したとされているが、この点もカントの宗教論——たとえば Immanuel Kant: "Die Religion innerhalb der Grenzen der blossen Vernunft". ——を参照すれば納得がいくであろう。

第五部

第五部も主としてフィロの懐疑論的立場からの理神論批判である。その要点は理神論が人間理性との類比から自然の中に至高の一つの意図を見るという考え方の批判である。第一に人間理性ないし人間的意図による神との類比は、必然的に多神論ひいては神人同形同性論に帰結せざるを得ない、とフィロは主張する。現に多数の人間が、多数の意図をもちながら社会を形成しているという現実を前提にすれば——人間の目から見たこの世界ないし世の中に関する経験以外に理神論の論拠はあり得ないのである――ギリシァ的、異教徒的な多神教の世界こそ理神論の結論とならざるを得ない。それがなぜ、一神論となりうるのか、ここにフィロのクレアンテス攻撃の第二の主題がある。また事実、歴史的に見てここに理神論の弱点も存している。

この点に関しては、ヒューム自身が別著によって一種の解答を与えている。それは『宗教の自然史』である（拙訳『宗教の自然史』ならびに同書解説参照）。なおヒュームとは全く異なった見地からではあるが、この多神教より一神教への発展ないし昇華の問題は、ヨーロッパ的啓示宗教に関する限り神学ないし神学的歴史観の基本をなすものである。哲学的考察に問題を限っても、たとえばベルグソンにおける「閉ざされた世界」より「開かれた世界」への発展という図式――この考え方は認識論上、実にポッパーに至るまで多大な影響を与えている――、また観点は若干異なるが、民族宗教より世界宗教への発展というホワイトヘッド独自の宗教発展史観等は、いずれも同じ主題をそれぞれの世界観、歴史観、認識論等々から解決しようとした試みといえよう。――ベルグソン『道徳と宗教の二源泉』、ポッパー『開かれた社会とその敵対者たち』(The Open Society and its Enemies)、ホワイトヘッド、拙訳『宗教の形成』参照――この問題に関しては別の機会に詳論する予定である。

第六部

第六部では、古代ギリシァ哲学を前提にして、別な観点からフィロとクレアンテスの論議が続けられる。デメアが信心家の立場からフィロの主張をあまりにも不安定であると批判したのを契機として、フィロは理神論が人間との類比の原理に立っているのに対し、むしろ世界そのものを動物とみなし、神はその世界の魂であるという見地を開陳する。これはいわゆるアニミズムであり、同時にストア的神観念でもある。この一種の――キリスト教的には無神論的な——神人同形同性論に対して、クレアンテスは世界のどこに感覚器官や理性の中枢が見出されるのか、むしろ世界は植物に類比しているではないかというギリシャ哲学における Physis 的なとらえ方をもって反駁する。かくしてフィロとクレアンテスの間では、この新しい種類の神人同形同性論をめぐって一種の歴史哲学的論議が交わされる。この見方はフィロの立場からすれば、人類が一人の人間とした場合、どのように進んできたか、といういわゆる「進歩の観念」にもかかわる歴史観となっている。それと同時に、同じく「進歩の観念」にかかわるのであるが、人類史における一種の歴史的必然性の主張とも化している。——ベーコン以来の「進歩の観念」Idea of Progress の形成については、たとえば Bury, "The Idea of Progress" を参照。

第七部

第七部においては、フィロが敬虔主義者デメアを相手に彼独自の生物ないし動物との類比による神学論を展開する。彼はクレアンテスの主張する主知主義的機械論的理神論に対抗して、古典ギリシャ思想の伝統をふまえた自然(Physis)——生産力ないし生産するもの——観に由来する神学論を提起する。もちろん、デメアにとってはこのような異端的神学は、クレアンテスの理神論同様に受け入れがたいものである。ただ、ここで注意すべきは、クレアンテスの理神論対フィロのパンアニミズムないし生物的神学論が、立場を異にするとはいえ、後、哲学上の基本的対比概念と化し、今日なお余韻を残している機械論対有機体論を含蓄しているという事実である。その意味においてフィロの生物論的神学論は、ヒューム独自の懐疑論を自然界にまで及ぼしたものといえよう。すなわち、自然の生産力ないし動植物の産出過程は、合理主義的因果論を越えた今日なお未解決の難問であるが、ヒュームの因果論に関する懐疑は、通常合理論の批判の枠内で受けとられている。しかしギリシャ的自然観《フュシス》が、客観的自然として確立されるためには、この自然観にまつわる神学から解放される必要があった。この動向が、ヒュームの時代より成立し始めた自然史 Natural History の発展としてあらわれるのであるが、宗教の自然史を書いたヒュームがこの部において、フィロの口をかりて、彼独自の、いわば「自然史的神学論」を論じているのは注目すべき事実である。かつ、生物的神学論はもともと反合理論的主張なのであるから、体系的に理論づけられるはずがない。したがって体系に固執し、機械論的合理論より理神論を主唱するクレアンテスが、フィロの生物的類比論を勝手放題な放言とみなしたのも無理はない（本部最終部門を参照）。

第八部

クレアンテスの前部末尾における批判に答えて、本部ではフィロが他の一例として、エピキュロス学派の一種の唯物論的自然観を開陳する。これは前部に述べられた生物論的発生論的自然観、すなわちストア的傾向の自然観に対比するもので、先に引用された（第五部）ルクレティウスの思想に通ずる考え方である。もとよりこの唯物論もデメアには理解されないが、フィロによれば、ひっきょう宗教論に関する限り、さまざまな体系がそれぞれの範囲内において成立可能なのであり、そのどれが決定的とは断定不可能なのである。しかも各宗教体系は敵対者の弱点を攻撃するに急で、それをもって自己の勝利と錯覚している。しかも彼らのすべてが一体となって懐疑論者を罵倒する。その理由は、懐疑論者は「このような主題に関しては、どんな体系もおよそ抱かれるべきではない、と彼らに言う」からである。事実は「判断の完全な中止がこの際、われわれの唯一の合理的な手段なのである」。いいかえれば、フィロの思想によれば、人間理性ないし人間能力の限界を正しく守ることこそ、真の合理主義——逆説的ないい方であるが——であり、真に積極的な哲学思想なのである。そしてこの見地はヒュームの懐疑主義といわれるものの積極的半面を示している。

第九部

第九部においては、それまでフィロとクレアンテスの論争をいわば傍聴していたデメアが口を切る。彼は経験的論証がこれまで述べられたごとく、ことごとく不確実とすれば、むしろア・プリオリ——カントの用いた先天的ではなく本来の意味で用いられており（第二部訳注3参照）、その限りにおいて形而上学的とほぼ同様にここでは用いられている——な論証がより確実であり妥当なのではないかと主張し、アリストテレス的な第一原因としての神の論証法を述べる。クレアンテスはこれに対し、ア・プリオリ的論証の自然性をいかに主張しても、ア・ポステリオリ的問題、ヒューム的用語を用いれば matter of fact——一般的仮訳に従えば、経験的事実——に関する説明は、不可能であるというヒューム的懐疑論の基本的主張をもって反駁する。かくしてデメアの形而上学的主張、クレアンテスの経験主義的理神論、フィロのいわば積極的ないし、カント的にいえば批判的懐疑論の三者が鼎立し、時間に関するカント的第四アンティノミーをめぐる議論が示唆されている。このアンティノミー——デメアが定立、クレアンテスが反定立——を前に、カント的批判以前の状態にとどまっている限りにおいて、フィロは明らかに懐疑論的認識論者ヒュームを代表しているといえよう。

第十部

第十部では、論題が一転してライプニッツ以来、またしても論じられた神義論が討論される。すなわち全知全能、慈愛にあふれた神の創造した世界になぜ悪、不幸、疾病等の悲惨事が存在するのかという問題である。初め信心家デメアと懐疑論者フィロの間で、悲惨で不公正な現世の救いとしての神および来世への信仰等という救済神対ライプニッツ的楽天論の神が論議される。ことに動物の弱肉強食の世界と異なり、社会を形成して自然的諸不幸に対抗するのに成功した人間が、人間社会の歪みから独自な精神的災害をうけているというデメアの主張に対し、フィロの懐疑主義的批判はもとよりクレアンテスの理神論的楽天論は、終始話がかみ合わない。最終的にはデメア対クレアンテスの討論に、フィロが結局このような議論は結論を出すことがそれ自体不可能だというフィロらしい裁定を下し、この章が終っている。

この第十部のまことに論旨のかみ合わない討論が如実に示すごとく、啓示宗教としてのキリスト教——それが何派であれ——の見地よりすれば、理神論ないし自然宗教は初めから次元を異にしているのである。救済の神は啓示された神であり、この啓示は預言者を介して奇蹟として行なわれるのであり、その意味においてキリスト教の神は超越的なのである。つまり、その神は自然という被創造物の中に、人間理性が神の意図——神そのものでなく——を読みとるという意味での超越的存在ではないのである。要するに自然の秩序、序列ないし働きを神の意図の表現として神の存在を証明することが神学とすれば、預言者も奇蹟も不必要となり、啓示宗教としてのキリスト教は初めから成立しない。そもそも、神の子イエスが、仲保者ないし三位一体の主体として存在する余地がない。したがって正統的神学からすれば——新旧いずれの宗派を問わず——理神論ないし自然宗教は無神論の一種に異ならないとされるのが当然である。しかし、本第十部のごとき議論が真剣に討論されたという事実は、当時の一般的自然観が今日のごとく客観的自然——自然法則の主体としての自然——の見地としてまだ確立していなかった反証であり、ましてヒュームはそのような不確実な科学的「自然」(nature) を前提に「人間的自然」(human nature) を実験的に確証しようとしたのであるから、二重三重に問題が錯綜したのも止むをえなかったであろう。たとえば現代における「文化」(culture) の概念は、ヒュームの human nature の後継物ないし訂正物であるが、この言葉がいかに主観的かつ曖昧に用いられているかを参照せよ。

第十一部

この部では、理神論者クレアンテスが仮に人間的類比を越えたところに宗教論を求めた場合、デメアのごとき絶対的信仰を別とすれば、いかなる神学が成り立ちうるかという疑問に答えて、フィロが独自の懐疑的返答を与えている。それはいわばフィロの立場からの懐疑論的神義論であり、極めて注目に価いする論議である。まず彼は現世における災害ないし悪事の大部分は、次の四種類の事情のそれぞれないしはそれらの結合から生じていると主張する。

第一の事情は、動物的被創造物の身体の機構が、快楽と同様に苦痛によって行動に駆り立てられるようにできていることである。つまり、苦痛という悪事を前提としてのみ動物は行動するように創られているのである。

第二の事情は、この世の神による運行は、「一般的法則」によって行なわれていることである。つまり特殊的過程においてはさまざまな偶有性が起こりうるのである。いいかえれば自然法則には無数な偶有事の可能性が前提されており、この限りにおいて完全な予知も完全な整合性も自然界には見出しえないのである。

第三の事情は、すべての個別的存在には、諸能力や諸器官が十分な余裕をもって与えられていないということである。つまり神は「厳格な親方」であり、厳密に必要なもの以上を各生物に与えないのであり、「甘い父親」ではないのである。たとえば、人類は理性や賢明さを多量にもつために、身体的利点をほとんど与えられていない。ここからさまざまな災害が発生せずにはいない。

第四は、自然という偉大な機械の一切の発動力や原理が、不正確な作品だということである。ある有益な原理は、時には行きすぎて災害の原因となる。時には不足して同じく弊害をうむ。全体的には、諸原理はすべてかかわり合っているものの、個別的にはそのような不規則さが不断に生じる。

以上のごとき事情から、このように悪事ないし邪悪、ないし弊害が絶えないとすれば、善の原理と悪の原理の対立を前提にするマニ教的宗教観が、もっとも妥当と考えられる。そこで四つの仮説をフィロは呈示する。

1　宇宙の第一原因は完全な善を付与されている。
2　それらは完全な悪意に満たされている。
3　それらは対立的で善意と悪意の両者をもつ。
4　それらは善意も悪意も持たない。

以上の四仮説中、最初の二つは、善悪の混合した現象が見られる以上とりあげられ得ない。また第三仮説は、一般的法則の統一性と一定性が存在する限り受け入れがたい。そこで第四仮説がもっとも蓋然性に富むとされる。以上は自然的弊害ないし悪意に関してであるが、道徳的邪悪に関しても同じ論証が適用できる。ところが上記の仮説によれば、宇宙の第一原因には――すなわち神には――善意も悪意もないという結論になる。デメアが憤慨して、それでは神の本性が不可知だと断定することではないか、また人間的類比から神を論証するクレアンテスの原理の否定ではないかと叫ぶ所以である。このデメアの怒りに対してクレアンテスがそれをなだめて、フィロの懐疑論は、初めからそのような帰結となるにきまっているのだ、ただ自分の立場からすれば、フィロ的懐疑論は無知と愚昧の時代にもっぱら通用するのだと批判する。この啓蒙主義的理神論に対しフィロは、神学論者の主張などは時代にそくして変動するものだから、そもそも当てにならないと皮肉に応答している。いずれにせよ、このフィロの議論を最後にデメアは口実を設けて退席する。

この部はヒュームの懐疑論の基本的態度をよくあらわしている。フィロの論証の最後の部分に示されているように、ヒュームは理神論のもつ限界を極めて鋭く見抜いている。理神論は後のコントの言葉を借りれば、正に形而上学的段階の主張であり、客観的であるに似て事実は人間中心的観点である。その限りにおいて神の似姿をなす人間を創造した神を、無条件に信仰するデメアの立場とフィロの立場は、基本的には相通じている。つまり理神論とは人間理性の立場から立論された神人同形同性論にすぎない、とフィロないしヒュームは論じているのである。この断定の当否はともあれ、この主張を前にしては神学論はしょせん成立し得ない。デメアが退席する所以である。

なお注意すべきは、懐疑論——ひいてはその対極をなす盲目的信仰——が無知の時代の産物であり、現代のごとき開明された時代においては、当然理神論が成立するはずだというクレアンテスの示唆こそ、実は合理主義の限界であり、悪しき意味での形而上学であることをフィロの言葉を借りてヒュームは諷刺している。この意味でヒュームは神学論においても、啓蒙思想をすでに越え、カントにと道を開いていることが明らかである。

第十二部

デメアの退席後、この第十二部ではクレアンテスの理神論とフィロの哲学的懐疑論が対決され、いわば全体の結論をなしている。この部においては、クレアンテスは主として有神論——理神論と有神論の相違についてはむずかしい議論が存するが、ここでは理神論はいわば理論的な神の存在証明、これに反し有神論は無神論に対する神の存在への信仰というように区別されている——の立場から、それを無神論と対比してどちらがより理論的か、同時にどちらがより道徳的かという主張へと発展している。ここから論点は宗教信仰のもつ道徳的意義ないし実践的意義へと発展する。つまり、理神論が本来もつ人間と神との「自然的諸性質」の類比の問題は、両者の「道徳的諸性質」の類比の問題となる。つまり、quid juris（権利問題）から quid facti（事実問題）へと論議が転換したわけである。フィロによれば「道徳的諸性質」の類比は、「自然的諸性質」の類比以上に不確実である。されぱこそ人類の歴史が示しているごとく、宗教は一方では「迷信」（Superstition）、他方では「熱狂」（Enthusiasm）ないし狂信へと堕落し、人類を迷わしてきた。ここに宗教の独自な危険性が存しており、かつこの問題が人類の社会生活における実践的要請に由来し、かつ非合理的ないし超合理的情念から発生しているだけに、フィロによれば、クレアンテスの主張するような知性的理論的論証によっては解決がつかないとされるのである。結論としては「哲学的懐疑論者」とは「高慢な独断論者」ではなく、教養人（man of letters）の場合、「健全で信仰を持ったキリスト教徒であるための、最初のそしてもっとも本質的な第一歩」なのである。

以上をもって対話は終り、最後に本対話の記録者パンフィロスが締めくくりとして簡潔な要約を述べている。彼によれば「フィロの諸原理の方が、デメアの主張よりも蓋然性を持つということ、しかしクレアンテスの諸原理がさらに真理に近接している」とされている。

*　　*　　*

以上が本対話篇――序文「書簡」を含む――十二部の内容梗概であるが、今日のわれわれにはかなり縁遠い論題なので、若干の解説も加えつつ説明した。

さて対話記録者パンフィロスによれば、クレアンテス——理神論者ないし有神論者——が真理に一番近いとされているが、これは一種の世論からの迷彩であり、ヒュームは懐疑論者フィロであるというのが、ながい間の定説であった。事実、別に詳論する予定であるが——続いて訳す「ヒューム宗教論集Ⅲ」の解説参照——フィロがすなわちヒュームであるという判定から無神論者ヒュームの弾劾が生じ、本対話篇の公刊にはさまざまな問題が生じたのである。しかし本対話篇の仏訳版（David Hume, Dialogues sur la religion naturelle, Présantation et notes de Clément Rosset, 1964, 'Introduction', p.15 et suiv.）のすぐれた解説において、クレマン・ロセが述べているごとく、ヒュームがクレアンテスかそれともフィロかという二者択一的断定は、必ずしも妥当ではない。ここでは簡潔に次のような解釈を示唆しておきたい。

ヒュームは『宗教の自然史』に明らかなごとく、確かに自然宗教を尊重している——もっとも、この考え方は啓示宗教の批判を伴うからそれ自体一種の無神論といえないこともないが——。この限りにおいては、これはクレアンテスの立場である。しかし本対話篇の第十二部が示すごとく、「事実問題」ないし実践的課題としての宗教の在り方を考えた場合、ヒュームは明らかにフィロの見地に荷担している。つまりヒュームは、一つには現在の人類の知的状態においては自然宗教では理論的・実践的に迷信ないし狂信に対抗し得ないと判断しているのであり、二つには第十一部の解説で述べたごとく、神人同形同性論と理神論のもつ人間中心的偏見や無神論対有神論の価値評価という形而上学的難題を、それぞれの立場から「哲学的」に批判することにより、これら三者の揚棄を期待したといえよう。この意味で本宗教論は、ヒュームにおける言葉の正しい意味における批判的観点を示すものと解釈すべきであり、そのような批判哲学を、ヒュームは哲学的懐疑論と呼んだと見なすべきであろう。

*　*　*

なお当初の予定では、本対話篇にヒュームの宗教関係諸論考および関係文献を一括して加えるはずであった。しかし本対話篇がかなり長文であり、かつ解説にも相当の紙面を要したので、予定を変更して宗教関係諸論考その他については別に一巻にまとめて公刊することにした。この巻は、本対話篇（ヒューム宗教論集Ⅱ）に次いでヒューム宗教論集Ⅲとして引き続き上梓される予定である。その際、同論集にはヒュームの宗教理論その他に関し詳細な解説をも付加し、かくして「ヒューム宗教論集」（全三巻）――Ⅰは『宗教の自然史』（既刊）、Ⅱは『自然宗教に関する対話』、Ⅲは『不死性論、奇蹟論ほか』（仮題）――全三巻の翻訳と同時に綜合的解説も完結するはずである。

それにつけても、本訳書の進行過程におけるさまざまな予定変更その他でご迷惑をおよぼした法政大学出版局の稲義人氏および藤田信行氏、その他の関係諸氏に衷心からの感謝の意を表したい。

一九七五年八月

訳　者

再版に際して

本書の再版に際して誤植や訳語の統一についてできるかぎり訂正を行なった。しかし「対話」という様式の性質上、会話の形式を重視したので、必ずしも理論的統一は不可能であった。それにはドイツ哲学書の場合と異なりイギリス哲学においては、日常生活の表現と哲学用語が明確に区別されていないという事情がある。しかしこの点に関してもイギリス哲学に関する若い世代の研究者からの、公的、私的の質問に啓発されて紙面の許すかぎり補正をほどこした。これらの方々に対して今回の再版をもって一応の応答としたい。

一九八九年九月二〇日

訳　者

《叢書・ウニベルシタス　70》
自然宗教に関する対話
ヒューム宗教論集 II

1975年12月20日　　初版第1刷発行
2014年10月30日　新装版第1刷発行

デイヴィッド・ヒューム
福鎌忠恕／斎藤繁雄 訳
発行所　一般財団法人　法政大学出版局
〒102-0071 東京都千代田区富士見 2-17-1
電話03(5214)5540／振替00160-6-95814
製版・印刷：三和印刷，製本：積信堂

Printed in Japan

ISBN978-4-588-09990-8

著　者

デイヴィッド・ヒューム（David Hume）

1711年4月26日生まれ．スコットランドを代表する哲学者．エディンバラ大学で学び，哲学やその他の分野についての執筆活動をするとともに，フランス大使秘書などに就く．ルソーとの交流とその破綻はよく知られている．1776年8月25日死去．主な著作：『人間本性論』（1739-40），『人間本性論摘要』（1740），『人間知性研究』（1748），『道徳原理研究』（1751），『宗教の自然史』（1757），『イングランド史』（1754-61）など．本書『自然宗教に関する対話』（1779）は死後に公刊された．

訳　者

福鎌忠恕（ふくかま　ただひろ）

1941年上智大学文学部独文学科卒業．元東洋大学名誉教授．文学博士．1991年死去．専攻：言語社会学，知識社会学．訳書：バークレ『人間知識の原理』，ヴィーコ『ヴィーコ自叙伝』，ヒューム『宗教の自然史』『奇蹟論・迷信論・自殺論』（以上，共訳），ほか．

斎藤繁雄（さいとう　しげお）

1959年東洋大学大学院文学研究科哲学専攻（修士）修了．現在，東洋大学名誉教授．文学博士．専攻：イギリス哲学．著書：『ヒューム哲学と「神」の概念』．訳書：『宗教とその形成』（ホワイトヘッド著作集第7巻），ヒューム『宗教の自然史』『奇蹟論・迷信論・自殺論』『人間知性研究』（以上，共訳），ほか．